中欧前沿观点丛书

与猩猩共舞

巨头与初创公司合作指南

[英] 沙梅恩·普拉尚坦（Shameen Prashantham） 著

董丹枫 译

机械工业出版社

CHINA MACHINE PRESS

面对数字化带来的颠覆，大型企业意识到与外部参与者尤其是初创公司合作的价值。然而，虽然成熟的企业和初创公司确实具有可以实现双赢合作的互补能力，但它们经常发现建立富有成效的合作伙伴关系并不简单。吸引它们彼此的东西，即它们之间的显著差异，也使合作变得困难。在合作过程中，它们必须积极主动、独具慧眼且深思熟虑，通过关注协同作用、交流平台和典型范例来系统性地解决这些不对称问题。本书提供了有关大型企业和初创公司如何建立合作共赢关系的指导，讨论了大型企业"为何""如何"，以及"在何处"与初创公司合作。读者将了解到，要在数字颠覆时代取得成功，公司需要培养创业性思维、协作性思维和全球性思维。

Shameen Prashantham. Gorillas Can Dance: Lessons from Microsoft and Other Corporations on Partnering with Startups.

ISBN 978-1-119-82358-2

Copyright © 2022 by Shameen Prashantham.

This translation published under license. Authorized translation from the English language edition, Published by John Wiley & Sons. Simplified Chinese translation copyright © 2023 by China Machine Press.

图书在版编目（CIP）数据

与猩猩共舞：巨头与初创公司合作指南 /（英）沙梅恩·普拉尚坦（Shameen Prashantham）著；董丹枫译.—北京：机械工业出版社，2023.9
（中欧前沿观点丛书）

书名原文：Gorillas Can Dance: Lessons from Microsoft and Other Corporations on Partnering with Startups

ISBN 978-7-111-73710-0

I.①与… II.①沙…②董… III.①企业管理–经济合作–研究 IV.①F273.7

中国国家版本馆CIP数据核字（2023）第162357号

机械工业出版社（北京市百万庄大街22号 邮政编码100037）
策划编辑：秦 诗 责任编辑：秦 诗 高珊珊
责任校对：张爱妮 陈 越 责任印制：张 博
保定市中画美凯印刷有限公司印刷
2023 年 12 月第 1 版第 1 次印刷
147mm×210mm·7.875印张·3插页·173千字
标准书号：ISBN 978-7-111-73710-0
定价：79.00元

电话服务 网络服务
客服电话：010-88361066 机 工 官 网：www.cmpbook.com
         010-88379833 机 工 官 博：weibo.com/cmp1952
         010-68326294 金 书 网：www.golden-book.com
封底无防伪标均为盗版 机工教育服务网：www.cmpedu.com

致我的孩子，迪娅和阿迪亚。

我希望这本书中的想法对创造一个更具创新性和

可持续性的世界

做出些许贡献，

对你们这一代人如此，对你们的后代亦如此。

中欧前沿观点丛书
（第二辑）

丛书顾问：汪泓　迪帕克·杰恩（Dipak Jain）

　　　　　丁远　张维炯

主　　编：陈世敏

执行编辑：袁晓琳

赞　誉

　　《与猩猩共舞：巨头与初创公司合作指南》一书的出版，正值企业化进程中的一个重要时期。随着《财富》100 强公司的寿命迅速缩短，对于大型组织来说，现在正是接纳并学习那些具有颠覆性的创业者所擅长的敏捷型工作方法的关键时机。很棒的一点是，创业是有感染力的，普拉尚坦教授的见解让企业能够与其初创公司伙伴拉近距离。

——联合利华创想 +（Unilever Foundry）联合创始人兼 CEO，
杰里米·巴塞特（Jeremy Basset）

　　沙梅恩·普拉尚坦很早就注意到了企业与初创公司合作的趋势，他跟踪了十多年来跨行业和跨大洲的合作趋势。他将深思熟虑的分析与实际应用相结合，他对企业与初创公司合作原因、方式和地点的见解，对希望在数字时代变得更敏捷和更具韧性的公司来说将会很有价值。

——伦敦商学院副院长，
朱利安·伯金肖（Julian Birkinshaw）

随着"深科技"（DeepTech）迅速成为第三波创新浪潮，初创公司越来越多地对一些根本性的主题发起攻击，这远超出我们通常所预期的，沙梅恩·普拉尚坦所提出的见解和实际案例，对企业和初创公司来说，变得比以往任何时候都更加重要。当一切都变得模糊时，协作是物种生存和繁荣的最佳解决方案。

——BCG 亨德森智库全球总监，
波士顿咨询公司资深合伙人兼董事总经理，
范史华（François Candelon）

《与猩猩共舞：巨头与初创公司合作指南》一书是对大型企业和初创公司之间合作的精彩概述。基于十多年的研究和观察，沙梅恩·普拉尚坦站在局外人的角度提出了内部观点，其中充满了有用的例子和实用的建议。这是一本具有启发性的、引人入胜的书，有助于驱散这个空间周围的"迷雾"。

——拜耳大中华区前总裁，朱丽仙（Celina Chew）

普拉尚坦教授多年来一直在研究微软在发达和新兴市场与初创公司的开创性合作。他在《与猩猩共舞：巨头与初创公司合作指南》一书中输出的有价值的想法，为那些想要创业和创新的公司提供了关于企业与初创公司合作的可行见解。

——Microsoft for Startups 北亚区 CEO，周健（James Chou）

　　我对初创公司和社会创业者为全球经济和社会所带来的益处充满热情和信心。通过我自己在"微软全球社会公益创业项目"中的工作，以及作为 Live for Good 的创始人之一，我知道，只有通过紧密合作、长期适用的思维方式以及与更多更广的组织生态系统建立有效的合作，才能实现这种价值。普拉尚坦提出的框架印证了，当我们将初创公司与投资者、企业、政府和社区联系起来时，美好的事情就会发生。

——微软公司执行副总裁兼全球销售、营销和运营总裁，
让－菲力浦·古德华（Jean-Philippe Courtois）

　　多年来，我们一直在 Thinkers50 上展示沙梅恩·普拉尚坦的工作成果。大型企业和初创公司之间的关系一直很吸引人，是经济增长的重要组成部分。普拉尚坦的见解和研究为这一点提供了至关重要的新线索。

——Thinkers50 联合创始人，
斯图尔特·克雷纳（Stuart Crainer）

　　在五年多的时间里，我不仅近距离观察了普拉尚坦教授是如何将自己的技能和全球视角转化为研究和教学成果的，而且见证了他作为一名典型的中欧国际工商学院教授，如何以自己印度裔英国人的身份深入中国，成为中国企业管理实践和理论的顶尖专家。因此，除了学术管理知识，从中国跨国企业和初创公司的角度出发，本书以解决方案为基础，具有前瞻性思维，是一本必读书。

——中欧国际工商学院（CEIBS）副院长兼教务长，
丁远（Yuan Ding）

VIII

我职业生涯的大部分时间都致力于帮助初创公司和企业共同繁荣。沙梅恩·普拉尚坦收集了大量的经验，并将其归结为这本有趣的读物。读此书必使你受益匪浅。

——Techstars 创新销售副总裁，戴夫·德拉奇（Dave Drach）

很高兴看到普拉尚坦教授专注于我感兴趣的两个领域——企业创新和社会影响。任何初创公司的终极渴望都是能与企业做生意。听起来很简单，但它是一段很长的旅程。其美好之处在于，能促成一段双赢的关系。考虑到我们在新冠疫情影响下的处境，现在正是成为一名社会创业者的最佳时机，特别是对于 2030 年可持续发展议程中的目标而言。在与创业生态系统相关的这两个非常重要的话题上，普拉尚坦教授一针见血。猩猩真的会跳舞！

——微软全球社会公益创业项目全球负责人，
夏鲁·加格（Shaloo Garg）

对于企业来说，初创公司是一种严重未得到充分利用的竞争性资源。沙梅恩·普拉尚坦的书是填补这一空白最需要的推动力。

——宝马初创车库（BMW Startup Garage）创始人，27pilots 公司 CEO，格雷戈尔·吉米（Gregor Gimmy）

对于在大型企业中办公的创业者和那些在小办公室里急切地想将自己的大想法变成现实的创业者，本书是他们的必备手册。通过不同背景下的大量采访和研究，沙梅恩·普拉尚坦能够全面展示寻求通过合作创新的大型企业面临的一系列独特的机遇和挑战。更重要的是，包括沃尔玛在内的许多企业的合作过程

都是普拉尚坦亲眼看到的。这本书绝对是各阶段创业者的必备
读物。

——科尔斯集团（Coles Group）电子商务首席执行官，
霍斯博（Ben Hassing）

沙梅恩·普拉尚坦通过多年来的研究，在企业与初创公司合
作这一主题上积累了专业知识。他制订了一个全球研究计划，不
仅覆盖美国、欧洲和以色列，而且还覆盖亚洲，特别是中国和印
度，最近还覆盖了非洲。他在这本书中的见解是基于与中欧国际
工商学院高管的知识分享和公开演讲，为有兴趣与初创公司合作
的企业提供了指导方针。我真心实意地向有兴趣深入了解企业创
新和创业精神的人推荐这本书。

——中欧国际工商学院院长[⊖]，凯洛格管理学院前院长，
迪帕克·杰恩（Dipak Jain）

无论是成熟的企业参与者，还是创新生态系统中的新手，想
知道企业与初创公司合作的基准在哪里或想了解其复杂性，本书
为它们都提供了完美的指引。本书基于多年的研究成果，包含最
新的发展方向，是任何创新行业从业者的必备参考指南。

——思科 LaunchPad 负责人，
斯鲁希·坎南（Sruthi Kannan）

在大型跨国组织中，有太多的事情会导致文化和制度的变

⊖ 在本书翻译期间（2022 年 8 月），迪帕克·杰恩博士已改任中欧国际工商
学院荣誉退休院长。——译者注

化。只有细致深入地纵向研究才能指明努力的方向，而这正是本书的目的。

——计算机历史博物馆（Computer History Museum）CEO，
微软前全球副总裁，丹·列文（Dan'l Lewin）

虽然多数大型组织都知道，与初创公司合作理应是其创新战略的关键部分，但同时，许多大型组织也会承认，要想在全球范围内有效地开展合作，是一件非常有挑战的事情。沙梅恩·普拉尚坦的这本书，为当今的"大猩猩"应该如何以及在哪里与更快、更敏捷的伙伴跳舞提供了新见解，帮助弥合了"知"与"行"之间的鸿沟，是企业创新者和创业者的必读书。

——欧洲工商管理学院（INSEAD）战略学高级副教授，
菲利佩·蒙泰罗（Felipe Monteiro）

沙梅恩·普拉尚坦走遍了世界，在整个创业生态系统中探寻众多杰出的思想领袖的经验。初创公司与企业之间的成功合作并没有固定的模式，我们所能做的就是不断相互学习。这本书为企业创新者和改变游戏规则的初创公司提供了实现这一点的平台。

——Mavens & Mavericks 创始人兼董事总经理，
谢尔帕·帕特尔（Sheelpa Patel）

重大的全球挑战是任何一家公司都无法单独应对的。大型组织必须与更灵活的初创公司有效合作，以帮助创造一个更美好的世界。这本书对如何做到这一点有一些很好的见解。

——联合利华前 CEO，IMAGINE 联合创始人兼董事长，
保罗·波尔曼（Paul Polman）

一个组织的一生，其一般模式似乎就是年轻时灵活但效率低，年老时笨拙但效率高。如何保持这两个生命阶段的最佳属性，已成为学者和咨询师的一种神圣追求。普拉尚坦做了一项出色的工作，他将观察到的老牌企业和创业公司之间的合作关系整理成一套机制，旨在击中这一神圣目标。这本书结合了流畅的行文和有洞察力的观察，对于设计和管理组织的人以及研究组织的人来说都是一本很好的读物。

——欧洲工商管理学院战略与组织设计学杰出教授，
法尼希·普拉南（Phanish Puranam）

我职业生涯的大部分时间都在尝试与"大猩猩"跳舞，而现在作为一只学习跳舞的"大猩猩"，我可以有把握地说，本书是战略合作关系准则的一项重要补充，应该是各阶段创业者的必备读物。

——百威英博数字商务全球副总裁，
马丁·苏特（Martin Suter）

随着生态系统类型的方法对创新的吸引力越来越大，"大猩猩"和初创公司现在都意识到，它们需要合作，而不是对抗。这并不总是那么容易，但通过十年的敏锐观察，普拉尚坦教授给出了对初出茅庐的创业者和经验丰富的企业高管来说都非常重要的见解。

——百事公司亚太区 CEO，陈文渊（Wern-Yuen Tan）

我们所知道的企业创新已经死了。目前的企业创新是通过研发试验以及向初创公司学习新的舞蹈动作来实现的。沙梅恩·普拉尚坦教授在他的书中捕捉到了与"大猩猩"共舞的细节，以及如何重新设计现代大型企业以使其在这个新世界中生存和蓬勃发展。

——GM Ignite: Intel for Startups 副总裁兼总经理，扎希（扎克）·韦斯菲尔德 [Tzahi (Zack) Weisfeld]

基于超过 15 年的国际化研究，沙梅恩·普拉尚坦在关于老牌企业和初创公司之间的合作方面，开展了富有洞察力的研究，在认识为何及如何有效建立联盟方面开辟了新的天地。这本书有丰富的案例和实用的建议，诚意推荐给希望通过合作扩大规模和实现创新的企业管理者或初创公司高管阅读。

——麦肯锡全球研究院院长，华强森（Jonathan R. Woetzel）

沙梅恩·普拉尚坦是少数几位能够将严谨的理论与详尽的公司实例相结合，从而产生高度实用的见解和框架的学者之一。本书就是这种结合的一个很好的例子，对于大型企业和它们的初创公司合作伙伴来说，本书都是必不可少的读物。

——帝国理工学院商学院营销学与战略学荣誉教授，Thinkers50 名人堂成员，叶恩华（George S. Yip）

院长的话

　　中欧国际工商学院（下称"中欧"，创建于 1994 年）是中国唯一一所由中国政府和欧盟联合创建的商学院。二十余载风雨兼程，伴随着中国经济稳步迈向世界舞台中央的历史进程，中欧从西方经典管理知识的引进者，逐渐成长为全球化时代中国管理知识的创造者和传播者，走出了一条独具特色的成功之路，建成了一所亚洲领先、全球知名的商学院。中欧以"认真、创新、追求卓越"为校训，致力于培养兼具中国深度和全球广度、积极承担社会责任的商业领袖，被中国和欧盟的领导者分别誉为"众多优秀管理人士的摇篮"和"欧中成功合作的典范"。在英国《金融时报》2023 年 MBA 课程全球百强排行榜中，中欧 MBA 连续七年位居亚洲第一。

　　中欧拥有世界一流的教授队伍，其中有 80 多位全职教授，来自全球十多个国家和地区，他们不仅博学善教，而且引领商业知识的创造。中欧的教授队伍中既有学术造诣深厚、连续多年引领"高被引学者"榜单的杰出学者，又有实战经验丰富的企业家和银行家，以及高瞻远瞩、见微知著的国际知名政治家。受上海市政府委托，中欧领衔创建的"中国工商管理国际案例库"（ChinaCases.Org），已收录中国主题精品案例2000多篇，被国内外知名商学院广为采用。中欧还独创"实境教学法"，引导商业精英更好地将理论融入实践，做到经世致用、知行合一。

2019年起，中欧教授中的骨干力量倾力推出"中欧前沿观点丛书"，希望以简明易懂的形式让高端学术"飞入寻常百姓家"。我们希望这套丛书能够给予广大读者知识的启迪、实践的参照，以及观察经济社会的客观、专业的视角，也希望随着"中欧前沿观点丛书"的不断丰富，它能成为中欧知识宝库中的一道亮丽风景线。

汪泓教授

中欧国际工商学院院长

迪帕克·杰恩教授

中欧国际工商学院荣誉退休院长

总　序

　　继 2019 年 11 月首批 6 本"中欧前沿观点丛书"在中欧 25 周年庆典上亮相之后,"中欧前沿观点丛书"第二辑终于又和读者见面了。

　　丛书第一辑面世后,因其对中国经济社会与管理问题客观、专业的观察视角和深度解读而受到读者的广泛关注和欢迎。对于中欧来说,"中欧前沿观点丛书"也具有里程碑式的意义,它标志着中欧已从西方经典管理知识的引进者,逐渐成长为全球化时代中国管理知识的创造者和传播者。

　　中欧成立至今还未到 30 年,却已是一所亚洲领先、全球知名的商学院。近期,中欧捷报频传。在英国《金融时报》2023 年 MBA 课程全球百强排行榜中,中欧 MBA 连续七年位居亚洲第一,在其全球 EMBA 百强榜单中连续五年位居前五。16 位中欧教授上榜学术出版机构爱思唯尔"2022 中国高被引学者",上榜人数再创历史新高；中欧两篇案例荣获 2022 EFMD 案例写作大赛类别最佳奖；13 位中欧校友荣登福布斯中国"2023 中国杰出商界女性 100"榜单。这些成就，让我们看到了中欧的竞争力、创造力和生命力。而这一切，都与学院拥有一支卓越的国际化教授队伍密不可分。

中欧教授们来自全球十多个国家和地区，国际师资占比 60%。在英国《金融时报》的权威排名中，中欧师资队伍的国际化程度稳居全球前列。中欧教授的学术背景多元，研究领域广泛，学术实力强劲，在爱思唯尔中国高被引学者榜单"商业、管理和会计"领域，中欧教授连续 6 年上榜人数位居第一。在学院的学术研究与实境研究双轮驱动的鼓励下，教授们不断将深厚的学术修养和与时俱进的实操经验与国际前沿理论和中国实践相结合，为全球管理知识宝库和中国管理实践贡献智慧。例如，学院打造"2+4+2+X"跨学科研究高地，挖掘跨学科研究优势；学院领衔建设的"中国工商管理国际案例库"（ChinaCases.Org）迄今已收录 2000 多篇中国主题案例，为全球管理课堂教学与管理实践助力。尤为值得注意的是，在全球面对疫情逆境、备感压力的几年间，中欧教授从各自领域出发，持续为企业复产和经济复苏建言献策。同时，在"十四五"的开局之年，中欧教授提交各类建言，涵盖宏观经济、现金流、企业风险管理、领导力、新零售等众多领域，引发广泛关注，为中国乃至全球企业管理者提供决策支持，助力全球经济的复苏。

中欧教授承担了大量的教学与研究工作，但遗憾的是，他们无暇著书立说、推销自己，因此绝大多数中欧教授都"养在深闺人未识"。这套"中欧前沿观点丛书"就意在弥补这个缺憾，让这些"隐士教授"向大众读者露个脸，让不曾上过这些教授课程的读者领略一下他们的学识和风范，同时也让上过这些教授课程的学生与校友们重温一下曾经品尝过的思想佳肴，更重要的是，让中欧教授们的智慧与知识突破学术与课堂的限制，传播到更多人的面前。

作为丛书第二辑，此次依然延续第一辑的特点：首先，每本书都有足够丰富和扎实的内容，满足读者对相应主题知识和信息的需求；其次，虽然图书内容都富含专业信息，但又举重若轻、深入浅出，既能窥得学术堂奥，又通俗易懂、轻便好读，甚至随时随地都能读上几页；最后，这些书虽由教授撰写，但都贴合当下，对现实有指导和实践意义，而非象牙塔中的空谈阔论。我想，做到了以上这三点，这套丛书就能达到我们的期望，为读者带去一些知识的补给与阅读的乐趣。聚沙成塔，汇流成河，我们也希望在未来的日子里，有更多的教授能够通过"中欧前沿观点丛书"这个平台分享思想火花，也希望这套丛书能不断丰富，成为中欧知识宝库中一道亮丽的风景线，为中国乃至世界的经济与商业进步奉献更多中欧智慧，贡献更多积极力量！

主编　陈世敏

中欧国际工商学院会计学教授、

朱晓明会计学教席教授、案例中心主任

推荐序

我这辈子都在做一个创业者。在经历过几次成功和一次失败后，我开始做早期初创公司投资。那时我们逐渐对投资的过程感到很沮丧，觉得它对创业者十分不利。出于这种挫败感，我们在 2006 年创立了 Techstars，并为创业者、投资人、企业和社区创造了一种更好的商业模式。

在 Techstars 模式中，我们挑选 10 位创业者为一组，让他们在同一个屋檐下用三个月的时间共同开发他们的设想，他们接受资深创业者的指导，不断打磨他们的产品和商业模式，最终将自己的计划推销给投资人。Techstars 创造了"加速器"（accelerator）一词，如今，我们已将位于科罗拉多州博尔德市的第一个加速器复制到全球近 50 个地区，跨越多个垂直领域，并与众多世界上最大的企业展开深度合作。

上面这段对 Techstars 历史的简介并不是为了致敬我们的成

就，而是为了给你手中这本由普拉尚坦所写的启迪人心的著作标记一个时间点。2003 年，当微软首次意识到初创公司对其商业模式的颠覆时，普拉尚坦教授就开启了他记录企业与初创公司合作关系的旅程。那时候，像微软这样的科技公司最害怕"从某个车库里冒出的两个人"鼓捣出什么新技术，让它们这些大公司一夜之间变成了局外人。

科技行业之外的公司，例如制造商、分销商或零售商，似乎（在 2003 年）还不会受到初创公司对商业模式的颠覆，但就像普拉尚坦所阐述的那样，所有跨国企业都面临着创新这一要务。正如福特公司前 CEO 马克·菲尔兹（Mark Fields）所言："很早以前，在我刚加入这个公司的时候，我们是一家制造公司。在我们的不断前进中，我希望人们能将我们看作一家制造公司、一家科技公司以及一家信息公司……这正是我们前进的方向。"

如今，尽管大部分人都清楚，每家企业都必须有一定程度上的创新和创业精神，但对于如何做到这一点，人们并没有太多的认识。对大型企业来说，与初创公司合作所面临的困难，一部分就在于要弄清楚自己该做些什么：是否应该购买一项技术？是否应该在自己企业内部成立一个加速器？是否应该在硅谷这样的创新热点地区发展业务？是否应该在世界各地的创新热点地区部署"探察"小组以挖掘好项目？所有这些策略都有人做过尝试，但究竟哪个对你的企业有效，而你又该如何实现这些策略？更重要的是，你要如何让你的领导团队达成共识？《与猩猩共舞：巨头与初创公司合作指南》一书用紧贴现实的案例研究和例子提供了一份很好的概论，有助于领导层和管理层在企业与初创公司合作的事项上达成统一意见。

但在合作中，还有一部分问题来源于一些非常现实的障碍，例如企业和初创公司在思维方式、运作流程和资源等方面存在的天然差异。这些障碍导致的结果是，企业往往认为和初创公司合作有风险——它们会兑现承诺吗，还是只会让人分散注意力？而对于初创公司来说，与企业合作的问题同样很伤脑筋——它们能相信大型企业不只是在利用它们吗？

幸运的是，普拉尚坦在过去 20 年的大部分时间里，访问了中国、印度、以色列、肯尼亚、南非、英国、美国以及其他地区多家公司的管理者，为初创公司和大型企业都提供了追寻创新要务、攻克合作障碍的方向。在企业与初创公司建立重要的、有影响力的合作关系中，真正能改变游戏规则的是参与者的思维方式：创业性（entrepreneurial）思维、协作性（collaborative）思维和全球性（global）思维。

普拉尚坦教授充分地阐述了我们在 Techstars 所经历和认识到的：仅仅理解企业和初创公司可以通过合作来加速创新是不够的，认识到使合作变困难的挑战和障碍有哪些也是不够的。关键在于一个人的思维。你愿意接受来自不同文化、不同人群的新想法吗？你愿意牺牲个人或公司利益以实现更远大的愿景吗？你是否觉得世界是一张空白的画布，正等待着你用创造力和潜力去描绘？正确的思维能引导我们用一种给未来以希望的方式，与他人进行真诚的交往。

　　我认为，在利用创业精神的力量解决全球性问题方面，我们还处于一个非常早期的阶段。这需要企业、初创公司、社区、政府、非营利组织、大学和众多机构之间通力合作。现在，《与猩猩共舞：巨头与初创公司合作指南》一书当中的见解为我们提供了路线图。正如普拉尚坦所总结的："谁知道呢？也许有一天这种合作会变得司空见惯，以至于大部分人不需要提醒就知道它的潜力，甚至不再需要给人们讲解这一合作过程的细枝末节。"

　　　　　　　　　　　　　　　　大卫·科恩（David Cohen）

　　　　　　　　　　　　　　Techstars 联合创始人、董事长

前　言

　　我做的最棒的决定之一，就是在 2006 年亚特兰大管理学年会上，鼓起勇气向如今已故的密歇根大学著名战略学教授 C. K. 普拉哈拉德（C. K. Prahalad）提出了一个问题。我向他解释道：我已经开始研究初创公司是如何与大型企业合作的。我很好奇，他会认为这是一个有前景的现象，抑或只是昙花一现。对此，他斩钉截铁地回答："初创公司必须学会与大猩猩共舞。"

　　"与猩猩共舞"这句话就此进入我的生活。

　　我继续跟进这项研究。事实证明，微软是一个特别有趣的案例，而我有幸作为一名独立学者，对它与初创公司的合作进行了研究。在长达 15 年多的时间里，我得以在微软位于包括中国、印度、以色列、肯尼亚、英国、美国和南非在内的多个市场进行观察研究（详见"关于此项研究"）。值得关注的是，与初创公司的合作是该企业组织转型的重要部分。

我还研究过一些其他公司。最初，我遇到的合作案例都来自临时活动和意外之喜。到后来，在数字化进程的推动下，人们做出了更系统、更深思熟虑的合作举措，最初是科技企业，后来是汽车、银行和零售等传统行业的企业。

在这个过程中，我的词典里又增加了一个新的概念："猩猩可以跳舞。"

通过对大型企业与初创公司合作现象的长期观察，我能够更好地理解，要想与一个十分不对称的组织合作，需要投入时间和精力。通过有意识地站在全球视角来研究，我有幸洞察合作双方是如何在实践中适应和借鉴彼此不同的背景的。

企业与初创公司合作已成为企业创新不可或缺的一部分，它反映出企业在创新过程中更强的开放性。虽然企业创新还有其他方式，包括内部创业和企业风险投资，但本书所述关于合作视角的基本原理，同样也可为这些方式所用。

本书分享了我从那些能够与初创公司有效合作的企业中观察到的经验教训。它是写给"大猩猩"们看的——写给寻求更有效合作方法的大型企业的。企业管理者们要谨记，与初创公司合作说起来容易，做起来难。

通过对众多企业的研究，我得到了一个重要的结论，我称为"不对称悖论"（paradox of asymmetry）。也就是说，企业和初创公司之所以会相互吸引，是因为它们截然不同，且拥有对方想要的东西。然而，正是这些不同，或者说不对称，阻碍了双方有效合作。这一点也帮助我更好地理解了那些与初创公司合作更有效的企业到底有什么不同，它们有意去克服不对称带来的弊端，同时挖掘更多益处。所以说，对于大型企业来讲，与初创公司合作听起来是一个很好的想法，然而，想要让它奏效并没有那么简单。

本书以微软的案例开始，紧接着对全书六章进行了概述，每两章构成一个部分，共三个部分：为何（Why）、如何（How）、在何处（Where）。每个部分分别对应一种重要的思维方式，分别为：创业性思维、协作性思维和全球性思维。末尾的后记则简要地强调了这三种思维方式的重要性，并传达了一个重要的理念，超越了本书对企业与初创公司合作的具体关注。

在撰写本书的过程中，这几种思维一直在我脑海里盘桓，使得我对全球化和创业精神的交集产生了相当多的反思，这个交集本质上就是大型跨国企业和创业型初创公司之间的合作。

这种反思在很大程度上受到新冠疫情的影响。

虽然这本书已经酝酿了十多年，但撰写本书的最后阶段，是在疫情造成空前破坏的背景之下进行的，被破坏的还包括我的中国之行。结果，我意外地发现自己竟然是在老家——印度南部的韦洛尔（Vellore）完成本书的写作的。这意味着，兜兜转转多年之后，我又回到了自己从小长大的房子里。

那栋建筑是250多年前由东印度公司（East India Company）[⊖]建造的，当时是一座靛青染料厂。东印度公司"天生全球化"，它是那个时代的全球化和创业精神的缩影。许多年后，那栋建筑

⊖ 全称为不列颠东印度公司（British East India Company），1600年英格兰女王伊丽莎白一世授予该公司皇家特许状，给予它在印度贸易的特权。该公司长期垄断东印度贸易，且一度参与了印度的统治和军事事务。——译者注

被卖给了美国归正会[⊖]，在 19 世纪初，一个著名的医学传教士家庭——斯卡德尔（Scudder）家族就在那里居住。1900 年，艾达·S. 斯卡德尔（Ida S. Scudder）作为第三代医学传教士，在那栋建筑里开了一家只有一张床位的诊疗所，这的确也可算是一家初创公司，那家诊疗所最终变成了现在的韦洛尔基督教医学院（Christian Medical College，CMC）医院。今天，这所医院拥有 2500 多张床位，是印度最顶尖的教学医院之一，同时也是一个极力为穷人服务的非营利组织。再后来，那栋建筑成为 1970 年成立的基督教咨询中心（Christian Counselling Centre，CCC）的办公场所兼负责人的住所，延续着非营利性服务的传统。

可以说，对于全球性思维和创业性思维会产生怎样的交集，这栋建筑展现出两种截然相反的情况。从一种极端来看，杰弗里·萨克斯（Jeffrey Sachs）等学者认为，至少从东印度公司这个名称中所包含的国家的角度来看，它代表了全球化的剥削。相反地，同样是在韦洛尔这栋建筑里成立的这些非营利组织，也可以说是在全球性思维和创业性思维的基础上构思和建立的，但它们却有着完全不同的服务精神。

当然，对于今天大多数营利性组织来说，最佳平衡将介于这两个极端之间。但在后疫情时代，比起学习昔日的帝国主义工具东印度公司，也许，多借鉴韦洛尔的非营利组织的思维才是更有好处的。而且，在不同的行动者之间，合作才是更好地利用创业精

⊖ 美国归正会（Reformed Church in America，RCA），是美国的一个基督新教教派。——译者注

神和全球化所带来的好处的关键。

　　这就是为什么当我看到微软、联合利华等公司明确地把联合国的可持续发展目标（Sustainable Development Goals，SDGs）纳入它们与初创公司的合作活动时会备感欣慰。企业与初创公司的合作有望由此产生深远的社会影响。随着新冠疫情对社会和经济的影响加剧，这种足以产生社会影响的合作的可能性及其相应的紧迫性，只增不减。我坚信，随着企业和初创公司为了共同利益而更有效地合作，必定会产生经济和社会效益，使人们的幸福感、生产力和生活的意义都大幅提升。这事儿说起来容易做起来难，我希望本书的内容有助于这一目标的实现。

　　　　　　　　　　　　　　　　沙梅恩·普拉尚坦

目　录

第三部分　在何处

第5章　与世界各地的初创公司合作

第6章　通过与初创公司合作产生向善的力量

后记　可持续发展目标"行动十年"所需的三种思维

致谢

关于此项研究

序　章

微软的初创公司合作之旅

微软是少数几家我们能够与之合作并且双方都能从中获益的公司之一……比尔（盖茨）和微软真的很擅长这一点，因为他们并没有早早地把所有事情都做完，他们学会了如何很好地与他人合作。

——史蒂夫·乔布斯（Steve Jobs）

● ● ●

微软：与初创公司合作的案例研究

2010 年 10 月，微软在其位于加利福尼亚州山景城的硅谷园区组织了一场名为 One Summit 的峰会活动。虽然微软以其与合作伙伴相关的活动而闻名，但这次为初创公司组织峰会对微软来说，还是第一次。本次活动标志着一个名为 BizSpark One 的计划的预启动，微软通过此项合作计划与 100 家使用其技术的最具创新性的初创公司达成伙伴关系，这些初创公司是从参加其 2008 年推出的 BizSpark 计划的数千家公司中挑选出来的。峰会现场大多数初创公司都来自北美和西欧。

时间快进到 2019 年 4 月。沃尔玛（Walmart）CEO 董明伦（Doug McMillon）当时正在中国上海开会和考察，他正在费心了解的本土化举措之一就是 Omega 8，通过此项计划，沃尔玛这个零售业巨头可以与当地初创公司合作，以解决自己的痛点。一些通过此项计划与沃尔玛在中国合作的初创公司展示了它们的解决方案。然而，除了这些初创公司的技术实力、它们和沃尔玛合作的双赢结果，以及该项计划所吸引的高层管理人员的关注外，还有其他一些事情也令人瞩目：这些参与合作计划的中国初创公司，大多是微软加速器（Microsoft Accelerator）项目的"校友"。

我有幸以学术研究者的身份参与了上述两次会议。十多年来，作为我进行中的研究项目的一部分，我一直在观察微软（以及本书中讨论的许多其他企业）是如何与初创公司合作的。对我来说，微软长期以来在世界各地与初创公司合作的旅程是一个很好的研究案例，原因有三。

首先，微软十分重视与初创公司的合作，但必须努力探寻如何达成更好的合作。因此，随着时间和空间的推移，值得我研究的东西有很多。正如史蒂夫·乔布斯所肯定的那样，合作是刻在微软的基因里的。即便如此，为了与初创公司合作，它还是得付出努力。故事的关键在于，微软目前是许多数字初创公司的首选合作伙伴，这个地位并不是一蹴而就的，这一地位获得的过程是十分费力的，而不是毫不费力的。

　　其次，我有幸在相当长的一段时间里接触到微软在多个地区的相关管理者，因而我能够观察到一段徐徐前进的旅程。我与微软的缘分始于 2003 年 6 月，当时的我偶然造访了微软位于华盛顿州雷蒙德的总部。从那时起，随着我对企业与初创公司合作关系研究的开启，多年来，许多微软管理者、初创公司合作伙伴和其他生态系统中的成员一直慷慨地拿出时间来与我分享他们的故事。在超过 15 年的时间里，我对微软的研究覆盖了多个地区，包括中国、印度、以色列、肯尼亚、南非、英国和美国等。有时候，我甚至会跟微软的管理者们说起连他们都不了解的往事！

　　最后，这是一个关于学习之旅的故事，因此，它为所有致力于与初创公司合作的企业，包括传统企业，都提供了宝贵的经验教训。如今，与初创公司的合作跟各行各业都有关联。正如你所见，像沃尔玛这样的传统企业可以在与微软这样的科技企业合作的同时，也与初创公司合作。此外，在这个数字化的时代，正如微软 CEO 萨提亚·纳德拉（Satya Nadella）经常说的那样，所有的公司都在变成软件公司。每个人都可以从微软的故事中学到点东西。

　　在开始我的讲述之前，我想澄清一点，我是一个中立的观察者；尽管我与许多现任和前任的微软管理者在工作关系上很融洽，但在研究进行期间，我刻意拒绝担任任何商业或咨询角色，我的所有受访人都欣然接受我这一立场。（这也适用于我为撰写本书而研究过的所有其他公司。）

　　对于微软的初创公司合作之旅，我大致分三个阶段来阐述（见图 P-1）。第一阶段的高潮是 2008 年推出的 BizSpark，这是微软为吸引年轻初创公司而推出的大型计划性举措。也是在那一年，比尔·盖茨退出了微软的日常运营，让史蒂夫·鲍尔默（Steve Ballmer）全权接管。第二阶段涵盖了后续一系列与初创公司合作的举措，足迹遍布全球，包括一个始于以色列的加速器计划，这些计划皆于 2013 年被并入微软创投（Microsoft Ventures）旗下。第三阶段始于 2014 年前后，在萨提亚·纳德拉成为 CEO 之时，与初创公司的合作在微软的企业战略中正一步步"成为主流"。

图 P-1 微软的初创公司合作之旅的三个阶段

第一阶段：启动与初创公司的合作

认识到与初创公司合作的迫切性

2003 年，也就是微软成为世界上最有价值公司的那一年，我与微软有了第一次接触，在那之后，我有机会拜访了几位微软管理者，他们正在与软件开发者社区进行沟通。他们的目标是拉拢独立软件供应商（ISV）作为微软的合作伙伴。如果这些公司基于微软的工具开发自己的软件产品，那么它们的产品每卖出一单，就能实现一次双赢，因为它们实际上将微软的技术与自己的产品捆绑在了一起。在我与这些管理者的交谈中，有一个重要人物不断被提及，他就是丹·列文（Dan'l Lewin）。

当时，列文对微软来说还是一个新人——他是一名硅谷的局内人，在一家被许多人视为硅谷局外人的公司工作了几年。列文的专业背景使得他比大多数人更适合将微软与硅谷联系起来。列文曾作为设计、制造和营销 Macintosh 的原始团队成员在苹果工作，Macintosh 项目当时被史蒂夫·乔布斯形容为一个具有内部创业精神的项目，在乔布斯离开苹果成立 NeXT Inc. 时，列文被乔布斯亲选为团队一员。在接下来的几年里，列文开展了自己的创业项目，并在硅谷初创公司社区拥有了信誉。后来，在 2000 年 12 月下旬，他联系了史蒂夫·鲍尔默，主动提出帮助微软与硅谷建立桥梁，这是因为，在听了鲍尔默承诺微软会遵守网络标准的演讲之后，他认为这些标准对微软实现成为软件企业巨头的目标至关重要，他说道："我给史蒂夫·鲍尔默发了一封电子邮件，我说：'如果你真的……想要与初创公司和风险投资界联合起来，我有兴趣就此聊一聊。'"

鲍尔默迅速做出了回应。2001 年 1 月，列文被聘请为微软的高层管理人员，并以副总裁的身份全权管理企业在硅谷的运营，负责改变企业与风险投资界和创业者的接触方式，并解决企业与初创公司在行业中的技术和商业冲突。在互联网泡沫和与美国司法部就反垄断诉讼进行和解后那挥之不去的阴影之下，聘请列文对微软来说是一个关键性的决定。

为了更好地理解列文在 2001 年加入微软的重要性，我们有必要退一步看看，微软在列文加入企业之前都在处理哪些事情。我不是商业历史学家，但回过头来看，微软在 20 世纪 90 年代后期的发展表明，当时播下的某些种子埋下了长期影响。

20 世纪 90 年代后期对微软来说是一个复杂的时期，这至少体现在三个方面。首先，互联网掀起了一股"浪潮"，微软耽误了好时机，但最终还是赶上了。其次，由于不得不处理美国司法部提起的反垄断诉讼，企业和市场都出现了动荡。最后，正如一份被称为"万圣节文件"的备忘录所指出的那样，微软面临着被开源软件运动颠覆的威胁。考虑到微软在 2002 年发布 .NET 开发框架时达到顶峰的新兴平台战略，最后提到的这一点尤其重要，因为微软试图在"后 .com"时代将自己转变为一家企业软件公司。平台战略的推动者们正全力拉拢 B2B 独立软件供应商在微软的平台技术上做开发，以创建企业解决方案。于是，初创公司成了一批重要的潜在平台用户，但在列文出现之前，微软和初创公司之间有一种脱节的感觉，特别是在硅谷。

　　在位于加利福尼亚州山景城的微软硅谷园区，列文着手建立微软在全球范围内的风险投资及与初创公司社区合作等事业。列文和他的团队开始为一个合作计划做基础工作，该计划后来成为 BizSpark（稍后讨论）和相关的微软创新中心，分布在六大洲 150 多个地区。这会是一场马拉松，而不是短跑。列文在硅谷有着强大的关系网，在我研究的初期，硅谷的创业者们对列文很重视，但对微软仍持保留意见。微软的力量不容小觑，因为它毋庸置疑有着相当可观的用户基础。但人们认为微软并不"酷"。在一次微软于加利福尼亚州主办的活动上，一位硅谷创业者在午休时间跟我打趣说："这就像在看我老爸跳舞一样……"在硅谷，微软也许得到了一丝丝尊重，但它肯定不受人们喜爱。

　　除了硅谷之外，其他市场中的微软管理者也逐渐领会到了，吸引优秀初创公司进入自己的平台是一项重要的任务。从本质上看，这对微软来说是一个学习时期，因为在这期间它弄清楚了应该如何与初创公司合作。这一时期出现在 2005 年前后，是在与 ISV 合作的通用框架结构中发生的，因为在那时，专门为初创公司定制的合作计划——也就是后来的 BizSpark，还未出现。

（在通用合作框架之内）开始与初创公司合作

微软与一家名为 Skelta 的初创公司的合作关系，是我早期就遇到过的互利的合作关系之一，令人印象深刻，在对初创公司更友好的合作计划——更加强调伙伴关系而不单是被看作供应商——出现之前，它们的合作甚至就已经存在了。

2004 年，Skelta，一家位于印度班加罗尔的公司，其创始人早早地做出决定，在微软的 .NET 平台技术上开发其业务流程管理（BPM）软件产品。由此，他们将宝押在了微软的企业客户用户基础上，这同时也是 Skelta 的目标市场。在吸引了桑杰·夏哈（Sanjay Shah）（一位在软件产品公司拥有丰富经验的海归）担任公司的 CEO 后，Skelta 积极地与微软在班加罗尔的子公司建立密切的工作关系。

在 2005 年，微软印度对 Skelta 给予了高度支持，认为它的确是一个宝贵的、忠诚的合作伙伴。Skelta 则获得了大量与微软内部思想领袖接触的机会，并提高了 Skelta 在微软印度业务以外的知名度。夏哈知道，微软印度的管理者很高兴能有 Skelta 这样一个优秀范例，为内部和外部人士展示微软与印度本土公司合作的成果。微软印度首席运营官（COO）拉吉夫·索迪（Rajiv Sodhi）——当时正是在与 ISV 的合作计划的支持下促成了微软与 Skelta 合作关系的一名经理指出：

Skelta 团队与微软印度在多个层面上都建立了非常牢固的关系。他们很快就能意识到，微软是一家大型企业，有自己的议程。因此，像他们这样的聪明人很快就可以与微软的议程保持一致，这样一来，他们就有了整个子公司的支持。其结果就是，过不了多久，他们就能够被提升到全球水平。

2006 年，Skelta 获得了微软颁发的奖项，微软表彰它是一家"掀起浪潮"的 ISV。这体现了 Skelta 在与微软生态系统其他部分的参与者，包括与该企业全球总部之间建立桥梁方面所取得的进展，当然，这离不开索迪和其他微软管理者的支持，包括一名从印度子公司调到全球总部的高管。这使得 Skelta 获得了微软在美国市场的支持，并使 Skelta 建立起了一个由其他微软合作伙伴组成的合作网络，作为它们在包括欧洲在内的国际市场的经销商。Skelta 总计有 80%的收入来自国际业务，其中大部分源于其与微软全球生态系统的合作。

2007 年，北京的一次微软大会上展示了一个优秀的行动案例，微软依据当地情况调整了原有的 ISV 合作流程，以便更好地触达年轻公司。这个案例背后的功臣就是瓦卡尔·哈米萨尼（Vaqar Khamisani），他是微软巴基斯坦的一名极富创业精神的管理者，他发现，有潜力的小公司需要 ISV 合作计划所允许的范围之外的更有条理的指导。于是，他主动将该计划调整为由一系列活动组成的"旅程"，通过这些活动，小公司可以提高技术和市场能力，使它们最终能更高效地利用与微软的合作关系。

Skelta 与微软的合作以及像哈米萨尼这样的管理者所做的工作，

它们之所以令人印象深刻，是因为它们全都发生在微软设计出更系统性的、专属于初创公司的合作计划之前。而当一个更有条理的、针对初创公司的合作计划出现时，一大批微软管理者便积极投身到了与初创公司合作的事业中。这项计划就是 2008 年推出的 BizSpark。

建立一个定制化的、对初创公司友好的合作计划

2008 年推出的 BizSpark 计划是微软在初创公司合作之旅中一个重要的里程碑。该计划的目标是"开发和支持一个全球创业生态系统，学习如何在快速变化的技术行业中最好地为这些合作伙伴提供价值，并在世界各地促进创新、增加机会和助力经济增长"。该计划是微软以程序化的方式与初创公司进行大规模合作所做出的众多尝试的结晶，该计划通过向成立不满三年、年收入小于 100 万美元的私人持股初创公司提供几乎免费的软件、相关支持及营销可见性，吸引这些公司进入微软的技术平台。

BizSpark 的成功推出，离不开两组关键行动。首先，列文努力说服鲍尔默相信 BizSpark 的重要性，让他的老板为该计划提供担保，并突破重重困难在公司的财年中期引入这样一个复杂的计划。其次，为了更好地了解创业者们的观点，列文组织了一个团队与创业者社区接触，并向初创公司推广 .NET 等平台技术。

戴夫·德拉奇（Dave Drach）曾是微软 BizSpark 早期团队的一员，他向我描述了他们与科罗拉多州博尔德市的创业加速器 Techstars 的互动情况。通过德拉奇与布拉德·菲尔德（Brad Feld）⊖的关系，列

⊖　Techstars 的联合创始人之一，同时也是知名创业者、风险投资人。——译者注

文和一个小团队见到了 Techstars 的第一批学员，并与这些初创公司交谈，询问它们为什么使用其他开源平台，而不是微软的技术。从交谈中，团队成员们得知，初创公司不能部署 Windows 服务器软件，是因为它不具备适当的许可权来运行基于 Web 浏览器的软件。其他创业加速器的初创公司也给出了一致的反馈。说到底，即便初创公司愿意，也无法在没有特殊的服务提供商许可协议（SPLA）的情况下获得微软软件授权，而该许可协议只能由一支专门的微软销售队伍向电信行业提供。该团队立刻着手去解决这个问题，并提出了一个方案，通过从一个特殊网站获得点击生效的许可协议来限制使用权，并通过合作伙伴（如风投公司）的提名来将用户群体限制在成立不到三年、年收入小于 100 万美元的私人公司。

在 BizSpark 计划启动不到一年的时间里，已有超过 15 000 家初创公司签约。第二年，这一数字超过了 35 000 家，在该计划启动的五年后，这一数字已超过 85 000。BizSpark 对微软而言具有重要的战略意义，因为它同时实现了两件事。第一，它铺平了道路，令初创公司使用微软平台技术而产生的潜力可以被充分利用。第二，该计划提供免费软件工具这一举措，帮助微软抵御了开源软件运动的威胁。（从那时起，微软更多地成为开源的支持者，这是列文和他的团队积极倡导的转变。）

这时的 BizSpark 是一个重视“广度”的计划，行业期待更有“深度”的合作计划出现，与此同时，BizSpark 计划的早期成功创造了一大批采用微软平台技术的初创公司。正如一位创业者对我说的那样：“我们在微软身上下了很大的赌注……我们把宝全押在了它的技术上。"微软现在有机会从这个巨大的初创公司储备库中挑选出一批最有前途的初创公司进行更紧密的合作，而这正是微软试图通过BizSpark One计划实现的目标。

第二阶段：扩展并深化与初创公司的联系

进行选择性的一对一合作

2009年，一个名为BizSpark One的"深度"合作计划逐渐成形。这是一个仅限受邀公司参与的"深度"计划，参与者是从BizSpark"广度"计划的成员中精心挑选出来的100家最具创新精神的初创公司。正如列文所说："BizSpark One背后的想法是，利用我们在硅谷的最佳实践，编织一张精细的网，捕获最有可能在市场上取得成功并塑造行业未来的初创公司。"

这一精英级别的初创公司合作计划由微软的企业与初创公司合作工作小组管理，该小组由马特·克拉克（Matt Clark）领导并向列文汇报，办公地点设在加利福尼亚州山景城的微软硅谷园区。该计划从工作小组中为每家初创公司都指派了特定成员作为其企业客户经理，以一对一的合作关系帮助初创公司在12个月里与微软共同完成制定联合进入市场战略的最终目标。这些客户经理的任务是帮助初创公司从微软内部相关业务部门以及企业外部更广泛的合作伙伴生态系统中，获得合适的人脉和资源。

列文的团队所推动的这些工作表明，微软内部已经发生了更广泛的战略变化，移动互联网和云计算变得更具战略重要性，尤其是云计算的影响，随着时间的推移，最终导致了微软的商业模式发生变化。S. 索马塞加（S. Somasegar）当时是微软服务器和工具业务的高级副总裁，他评论说：

> 每当发生平台转变时——比如云计算就是我们迄今看到的最大的平台转变之———找出与生态系统内不同部分合作的方法，以推动向新平台的转换和对新平台的使用，对平台的成功至关重要。而初创公司就是这个生态系统中的重要组成部分之一。我们希望，与创业生态系统的接触既能确保我们了解到如何让平台与初创公司更相关，又能确保初创公司在开始使用我们的云平台时能给我们反馈。

BizSpark One 计划实际上是希望促进一批初创公司的发展，使它们可以成为其他数以千计争相与微软合作的初创公司的榜样，同时也在未来成为潜在的重要合作伙伴。由于所有入选的初创公司都来自 BizSpark 合作计划学员库，它们都是成立不满三年时间的年轻公司，其软件产品都建立在微软的平台技术之上。正如马特·克拉克所说："初创公司是微软的下一代合作伙伴。我们的整个业务将取决于它们有多成功。BizSpark One 是 BizSpark 计划的扩展。我们试图找到最具潜力的初创公司，并为其提供技术和商业支持，帮助它们成长和成功。"

2010 年，我在加利福尼亚州山景城参加了 One Summit，这次峰会是 BizSpark One 计划的一次预启动，对于许多被选中参加该计划的初创公司来说，那股强烈的幸福感不言而喻。入选的初创公司大部分是来自北美和西欧的公司。（有一家中国的初创公司国双科技确实从 BizSpark One 计划中受益匪浅，在讨论新兴市场时会做详细介绍。）

8 个月后，2011 年度微软全球合作伙伴大会（WPC）在洛杉矶举行，会上展示了 BizSpark One 计划的一些成功案例，来自微软强大合作伙伴生态系统的约 15 000 名代表齐聚一堂。作为微软当时的服务器和工具业务总裁，萨提亚·纳德拉发表了一场关于云计算重要性的激动人心的演讲。的确，一些 BizSpark One 计划中的初创公司发现，押注于云服务对它们来说是有回报的。例如，在 2011 年的 WPC 上，提供云集成存储解决方案的硅谷初创公司 StorSimple 被评为 BizSpark 年度最佳初创公司。不久后，它便被微软收购了。

2011 年的 WPC 对于另一家名为 Calinda 的 BizSpark One 计划初创公司也具有重要意义。当这家法国初创公司与其他几家 BizSpark One 初创公司一起在 WPC 的一个展位上展示时，它进军美国市场的计划得到了极大的推动，不然，仅凭该公司自己的资源是远做不到这些的。通过在那次活动中建立的关系，它与美国市场的第一批经销商签约，而这些经销商本身也是微软合作伙伴网络的成员。那次 WPC 的某天晚上，神奇的时刻出现了，当时我正和这些创业者在会场外喝着饮料：微软的 BizSpark One 团队安排了在会场外的巨大霓虹显示屏上展示这些初创公司的标志。创业者们兴奋地拿起手机拍照，并发布在社交媒体上。当晚的气氛十分激动人心。

不过，不是每个故事都有愉快的结尾。就在 2011 年末，一家名为 Huddle 的 BizSpark One 初创公司公开宣称自己要与微软展开竞争。微软对此颇感惊讶，因为这家英国公司以前还曾作为 BizSpark One 的典型案例被宣传。它并不是唯一一家与微软关系变僵或分道扬镳的初创公司。有一些初创公司并没有积极地抓住（或创造）在微软生态系统中创造价值的机会。另一些公司虽然与初创公司合作工作小组建立了良好的关系，但一旦开始与（不那么合拍的）业务部门互动，它们就会发现工作推进得很困难——然而这正是共同创造价值的真正机会所在。

在 2010 年 10 月的 One Summit 和 2011 年 7 月的 WPC 之间的这段时间，以色列为 BizSpark One 的初创公司成员构成带来了明显的差异化。微软以色列有一位名叫扎希（扎克）·韦斯菲尔德的管理者，他一直积极寻找在当地促进与初创公司合作的方法。他和他的团队发现，列文通过 BizSpark One 所做的事情与以色列初创公司高度相关。一组以色列初创公司成了 BizSpark One 计划成员的重要组成部分。的确，有了微软从企业层面的参与，再加上列文和索马塞加等领导者的支持，以色列即将在微软的初创公司合作之旅中发挥重要作用。

采用新的企业创新实践

2011 年末，韦斯菲尔德见到了萨提亚·纳德拉（时任微软服务器和工具部门的负责人），并强调了与初创公司深度合作的必要性。韦斯菲尔德引用了保罗·格雷厄姆（Paul Graham）的博客文章《微软已死》，依此提出了更多与初创公司的合作形式建议，比如企业加速器。韦斯菲尔德和他在微软以色列的研究机构团队已经认识到，通过加速器模式与有前途的初创公司进行更紧密的合作，是很有潜力的。微软在中国和印度的研究机构管理者们对这个想法表示赞同。索马塞加等微软高管在这一倡议开始实施时积极地参与其中，并给予大力支持。

2012 年，微软在特拉维夫、班加罗尔和北京推出了加速器计划，这些加速器都设立于微软在当地的研究机构中。这些地区都具备很有前景的创业生态系统作为基础。加速器计划的形式是，所有初创公司将在同一地点工作四个月（在中国最初为六个月），在此期间，它们能够使用云计算和其他技术基础设施、获得专业指导，并拥有与微软的管理者和合作伙伴建立关系的机会。加速器计划的最后一步就是成果展示日，微软管理者以及特邀合作伙伴和投资人都将会参加。2013 年，使用相同的模板，微软在欧洲三个重要的创业生态系统中启动加速器计划，它们分别是柏林、伦敦和巴黎。第二年，微软在自己的"后院"西雅图也成立了一个加速器。运营微软在全球所有加速器的责任则交给了继续常驻以色列的韦斯菲尔德。

尽管微软早期加速器计划的重点在于提供免费的 Azure——微软云计算服务的额度，但在选择初创公司合作伙伴时却采取了技术不可知（technology-agnostic）的态度。也就是说，如果初创公司更喜欢亚马逊（Amazon）的 AWS 等其他云解决方案，也完全没有问题。我参观的第一个微软加速器在北京。我清楚记得，在这些初创公司的共享办公区内，我十分惊讶地看到苹果设备就放在桌面上。我张大了嘴，看向我的东道主大卫·林（David Lin），他当时是北京加速器的负责人。林笑着说："我们想让初创公司知道，我们感兴趣的是它们的成功。"尽管微软鼓励大家使用其云工具，但在那个阶段，微软并没有将使用它自己的技术作为加入微软加速器的先决条件。这表明，微软为了赢得初创公司的心，正付出着巨大的努力。

　　在印度的一次实地考察期间，我观察了微软加速器周三下午的活动，活动得到了首席财务官（CFO）阿马雷什·拉马斯瓦米（Amaresh Ramaswamy）和前创业者穆昆德·莫汉（Mukund Mohan）的大力支持。一开始，两位微软的合作伙伴首先发言，他们一位来自诺基亚（Nokia），一位来自SAP，他们概述了自己可以为在场的十多家初创公司提供怎样的协助。接下来，其中三家初创公司的创业者与其他在场的公司进行了同行分享，展示了他们所取得的一些进展，例如，一位创业者演示了他仍处在开发中的应用程序，并收到了导师和其他创业者的反馈。最后，所有人成群结队地去了当地一家酒吧喝啤酒、吃比萨。在这种非正式的环境中与创业者聊天，我能感觉到他们内心都充满动力。

　　在参观特拉维夫加速器时，我注意到隔壁房间正在举行一场面向初创公司"校友"的活动。当我在伦敦加速器与其管理者和创业者见面时，创业者们的积极情绪给我留下了深刻的印象，他们认为微软提供的云服务对那里的初创公司很有价值，微软一位高级营销总监海伦·利特瓦克（Helen Litvak）也表达了同样的观点。在另一次实地考察中，我遇到了班加罗尔、北京和特拉维夫加速器的负责人，他们正聚在一起交换意见，分享经验。

　　因此，我在多个地区都观察到了微软管理者们和创业者们的积极情绪。微软加速器的项目时间和性质与其他加速器没什么不同，使其真正发挥作用的，是初创公司的优秀能力、微软高管的亲力亲为，以及来自更大范围的微软合作伙伴的参与意愿。在各地观察过之后，我的印象是，微软正在认真对待与初创公司的合作，而不仅仅是口头上的承诺。

开发新兴市场的创业生态系统

在对第二阶段做总结之前，值得提出的是，在新兴市场，与初创公司合作的势头正在上升，尤其是在中国和印度，微软在这些市场的强大影响力则成了一个巨大的优势。

作为一家企业，微软历来重视新兴市场，这一点，从其在中国和印度的业务规模与范围以及全球高层管理人员的定期考察中就可以看出。因此，微软对于在新兴市场中与初创公司的合作十分重视也就不足为奇了。来自印度的 Skelta 公司的例子表明，尽管双方的合作需要微软印度的管理者和这家初创公司的领导人付出艰苦的努力，但一家印度初创公司与微软"共舞"也并非不可能之事，即使是在 BizSpark 计划出现之前。随着 BizSpark（和 BizSpark One）的推出，这样的机会更多了，国双科技的案例就是很好的证明。

总部位于北京的国双科技是由清华大学计算机软件学院的年轻毕业生祁国晟（Qi Guosheng）创立的。在大学期间，祁国晟曾在微软位于北京的研究机构实习了一个夏天。他在毕业后创立了国双科技，并使用微软的技术开发软件产品，其产品质量给负责初创公司事务的微软中国管理者徐明强（Johnny Xu）留下了深刻印象。国双科技成为第一个（也是很长一段时间内唯一一个）进入 BizSpark One 的中国公司。对于微软中国的销售团队来说，国双科技成为一个说明中国公司如何利用微软技术来开发软件产品的优秀案例。也归功于 BizSpark One，国双科技成功吸引了来自整个微软的全球性关注。

2011 年，史蒂夫·鲍尔默访问北京时在一个活动上发表了演讲，那场活动只有两个演讲者——鲍尔默和祁国晟。由此，国双科技成为中国等新兴市场的初创公司与微软建立互利关系的典型范例。然而，尽管印度有 Skelta 的例子，中国有国双科技的例子，但在 BizSpark One 时期，大部分的合作行动都发生在西方国家。比如，微软曾制作了一段视频，展示最有前途的 BizSpark One 初创公司，而这些公司全部都来自北美和西欧。

2012 年，继以色列加速器之后，微软在班加罗尔和北京也推出了加速器计划，相比之下，这一举动极大地推动了微软在世界上最大的两个新兴市场与初创公司的合作。最初推出时，印度加速器直接套用了以色列模式的四个月计划，但在中国，因为语言差异和特有的生态系统，人们认为计划一开始需要六个月。事情发展到后来，中国学员也同样采用了为期四个月的计划。

事实证明，班加罗尔和北京加速器的推出恰逢其时，因为自那时起，中国和印度都见证了移动互联网崛起的开端。（例如，在中国，2011 年是微信推出的那一年，第二年微信便开始飞速发展。）微软能够"趁年轻"与一些有趣的初创公司合作。例如，云测是 2011年在北京成立的一家初创公司，为移动应用提供软件测试服务。2012 年，云测成为微软在北京推出的第一批加速器中的一员。自那以后，它将自己与微软之间的合作关系从中国拓展到了美国，在旧金山设立了办事处，还与其他几家跨国公司都建立了合作伙伴关系。

2013 年，微软在推出 Microsoft4Afrika[⊖]计划时重申了其对众多新兴市场的广泛兴趣，该计划将中小企业（SME）作为其目标受众之一，以期帮助它们发展数字化技能（从而成为微软软件的潜在客

㊀ 意为"微软为非洲（服务）"。——译者注

户）。在南非，在凯瑟琳·杨（Catherine Young）等顾问的帮助下，沃伦·拉坎（Warren Larkan）等管理者积极推动微软与小型公司的合作。在当地，微软还将 BizSpark 计划与一项政府计划相结合，创造性地扩大了该计划，从而为初创公司提供了更具体的支持。此外，为了遵守南非政府的政策，微软为少数符合黑人创业支持政策并具有高创新潜力的软件初创公司推出了深度合作计划。

同样在 2013 年，微软将围绕社区建设（如最具代表性的"广度"计划 BizSpark）、加速器（"深度"计划）和种子资金（例如与微软搜索引擎必应相关的一个小基金）等方面的几个计划全部整合到了一个名为"微软创投"（Microsoft Ventures）的大项目之下。

第三阶段：将与初创公司的合作纳入主流核心战略

规模扩大器：转向后期初创公司

2014 年，史蒂夫·鲍尔默辞去了微软 CEO 一职。在他的领导下，BizSpark 和加速器计划得到了蓬勃发展。萨提亚·纳德拉接替了鲍尔默。巨大的变化随之而来。微软 Office 软件首次可在苹果 iPad 上使用，收购诺基亚智能手机的交易成为一笔巨额坏账。由于纳德拉在担任 CEO 之前在云计算业务上大获成功，而云计算业务与初创公司关系密切，当时与我交谈过的微软负责与初创公司合作业务的管理者们纷纷表示，希望总部能够继续重视初创公司。

到了 2015 年，各大型企业对初创公司的兴趣骤然高涨，随着初创公司估值的上升，出现了几家所谓的独角兽公司——估值 10 亿美元以上的初创公司，不仅在发达市场如此，在中国和印度等新兴市场亦是如此。由此可见，微软部署加速器着实为精明之举。云计算的兴起也对初创公司产生了深远的影响，这些初创公司不再受到软件基础设施前期支出的限制。在微软加速器已占据一席之地的生态系统中，其他创业加速器和相似机构的出现共同推动着初创公司的成长。同年，微软在原有的内部计划之外，推出了BizSpark Plus，通过这些计划，微软得以接触世界各地的200多个创业加速器。

《2016年全球加速器报告》（The 2016 Global Accelerator Report）将中国、印度和以色列的微软加速器列为各自国家的领先加速器。韦斯菲尔德发现，纳德拉对微软的愿景与努力做创业活动的他产生了共鸣，他曾对我说，"微软加速器是对'成长型思维'的实践"，这种思维是深受纳德拉推崇的源自卡罗尔·德韦克（Carol Dweck）教授的理念，即人的能力是可以改变和提高的，因此人们应该努力去实现这一点。韦斯菲尔德说，"10年前，大家并不认为微软与创业界相关或处在创业圈子中"，并补充说，他和他的团队发现微软在支持初创公司方面取得了长足的进步，这让他们非常满意："与初创公司和创业者合作是很有意思的一件事。那是一个情绪波动非常剧烈的过程，帮助他们并和他们一起度过那些起起落落，让这个过程成为一种给人以极大精神满足的经历。"

2016年，与韦斯菲尔德全球团队的成员拉维·纳拉扬（Ravi Narayan）交谈时，我感受到了一种思维的转变，即微软应该欢迎哪种类型的初创公司加入其加速器。尽管在纳拉扬看来，微软加速器为初创公司增加了巨大的价值，包括帮助它们筹集资金，微软也确实在中国和印度以及在一些全球排名当中被视为最好的加速器之一，但似乎是时候做出改变了。微软对初创公司的关注从早期阶段转向了更成熟的阶段。

　　这一转变背后的理由是，微软为初创公司创造价值的最佳方式之一，就是帮助它们将产品销售给微软的企业客户，但这通常意味着初创公司必须有一定的成熟度才能提供可用的解决方案。此外，早期初创公司现在似乎有很多其他的选择，比如更传统的加速器。相比帮助初创公司获得 A 轮融资，对于微软来说，吸纳已经达到或接近这一里程碑的 B2B 初创公司，然后通过帮助它们获得企业客户来推动它们扩大规模，似乎更为明智。在后续与位于以色列的全球加速器的管理团队其他成员的讨论中，我很明显地感到，微软打算将其加速器转变为"规模扩大器"（scalerator）。

　　2017 年，微软在上海推出了一个新加速器（中国是唯一拥有两个微软加速器的国家），果不其然，加速器的重点明确放在了更成熟的初创公司上。从加速器到规模扩大器的转变似乎是一个自然的选择，因为微软意识到，为初创公司合作伙伴增值的关键途径之一，就是帮助它们与企业客户建立联系，而只有当初创公司及其产品都相对成熟时，这个途径才更可行。领导上海加速器运营的周健（James Chou）招募了一批令人印象深刻的初创公司，这些公司都有一定的优势，它们中的大多数都已获得 A 轮融资。与此同时，班加罗尔的加速器有了一个新的领导者，巴拉·吉里萨巴拉（Bala Girisaballa），他也瞄准了更成熟的初创公司。

　　2018 年，微软宣布成立了一个新的程序化初创公司合作计划——Microsoft for Startups[⊖]。在那之前不久，我刚刚去了特拉维夫，从一开始就与韦斯菲尔德密切合作的阿米尔·平查斯（Amir Pinchas）

　　⊖　意为"微软为初创公司（服务）"。——译者注

那里得到了最新消息，他称微软有可能进行大规模重组。不久之后，韦斯菲尔德和他在以色列的核心团队离开了微软。当我得到新合作计划的最新消息时，该计划的全球负责人安妮·帕克（Annie Parker）正在澳大利亚悉尼——微软加速器计划最新成员的所在地。她证实，我在过去几年中所观察到的东西，现在已经成为官方战略：微软加速器的重点是帮助相对成熟的初创公司扩大规模。Microsoft for Startups 还包括一个企业风险投资部门，叫作 Microsoft Ventures（后来更名为 M12）。

也许最有意思的是，微软与初创公司合作当中的一大特点就是对初创公司用微软云技术开发出的解决方案（产品）进行联合销售（co-sell），并以此为合作重点。

调整激励政策，与初创公司联合销售

联合销售计划是 ScaleUp[⊖]计划的一个关键特点，ScaleUp 计划是微软加速器计划于 2018 年并入 Microsoft for Startups 计划后演变而成的。这意味着，初创公司的产品可以加入一个联合销售资源库。微软销售人员对合作伙伴的产品进行联合销售所获得的激励，与销售微软自己的产品一样。新的激励政策鼓励销售团队增加对微软 Azure 云服务的销售，而联合销售初创公司基于 Azure 的产品也完全符合这一战略。

由此，微软的初创公司合作之旅进入了一个耐人寻味的阶段——这种合作从不同寻常的业务变成了寻常的业务。也就是说，与初创公司的合作已经与微软的云优先战略的核心紧密结合在了一起。微

　　⊖　意为"规模扩大"。——译者注

软于 2018 年将与初创公司的合作重点果断地重新定位为联合销售，这可以说是十多年来整个演变过程的顶峰，特别是从 2008 年推出的 BizSpark 计划开始。BizSpark 初始团队的一员戴夫·德拉奇对我说："BizSpark 计划最初是为了让初创公司使用微软的平台而推出的。现在，每个人都明白了（微软平台的价值）。因此，既然最初的问题已经解决了，那么新的问题便产生了：如何产生更多价值？答案是：通过深度参与，产生更大的商业影响。萨提亚·纳德拉已将 Azure 放在微软战略的核心，而他关心的就是如何让该战略适用于初创公司。"

在 2019 年，我多次遇到了微软帮助其现在和曾经的初创公司加速器成员与沃尔玛和默克（Merck）等大型企业建立联系，它们采用的方式与联合销售这一新策略的重点是一致的。从本质上看，微软开始将其初创公司社区的成员，与刚开始尝试与初创公司合作的企业联系起来，这是一种对两家大公司（微软和与初创公司合作的企业）和初创公司来讲都双赢的方式。也就是说，微软可以帮助其初创公司合作伙伴获得企业客户，而后者将能够迅速接触高质量的初创公司。正如一开始提到的那样，2019 年，沃尔玛 CEO 董明伦就获得了关于沃尔玛与微软加速器"校友"合作效果的第一手资料。

与公益创业组织合作

2020 年 2 月，微软全球社会公益创业项目（Microsoft Global Social Entrepreneurship Program）启动，这是一项专门针对社会公益创业者的全球新倡议。我对微软的初创公司合作之旅的阐述以微软公司执行副总裁兼全球销售、营销和运营总裁让－菲力浦·古德华

（Jean-Philippe Courtois）宣布的这一消息作为收尾，以下是关于微软的社会影响的最后一点观察。

在正式推出这一新举措之前，社会企业就已经出现在微软的雷达上了。这一点在我去非洲进行实地考察时就显而易见了。正如我从时任微软 ISV 和初创公司招募主管穆罕默德·纳比勒（Muhammad Nabil）那里所了解到的一样，Microsoft4Afrika 计划一直以来都是微软与非洲初创公司接触的一条途径。这其中就包括与社会企业接触。在对肯尼亚的实地访问中（当时纳德拉在那里发布了 Windows 10），我了解到了微软与 Twiga Foods 的合作，Twiga Foods 是一家将传统水果种植者与零售网点联系起来的社会企业，当时它正在使用 Azure 技术。

微软还与印度半岛等其他地区的社会企业进行过接触。举个例子，Sehat Kahani 是一家巴基斯坦初创公司，由 CEO 萨拉·赛义德博士（Dr. Sara Saeed）和 COO 伊法特·扎法尔博士（Dr. Iffat Zaffar）创立，使用远程医疗技术为患者提供医疗建议，同时为女医生提供充分发挥其才能的机会。与微软的合作在一定程度上帮助这家社会企业扩大了其移动应用程序的用户规模，随着新冠疫情的肆虐，人们对远程医疗的需求大大增加，该应用程序也吸引到了更多用户。

通过其全球社会公益创业项目，微软将与世界各地使用 Azure 平台的社会企业合作，"为创建一个可持续、可访问和公平的世界提供帮助"。微软将为它们提供微软慈善（Microsoft Philanthropies）资助、与其他组织的联系、市场进入支持以及免费访问的微软技术，其中包括 12 万美元的免费 Azure 云存储和每月 1000 美元的 GitHub 企业版使用权。微软全球社会公益创业项目的全球负责人沙鲁·加格（Shaloo Garg）表示："我们这个项目的首要运作原则很简单。我们希望'创始人'成为中心，他们的成功是驱使我们前进的动力。当我们设计这个项目时，我们的关键驱动力是提供例如技术、赠款、企业创新（与企业客户联合销售）等核心组件，以帮助推动初创团队的成功。我们对此感到非常兴奋。"

有三家初创公司成为首批项目参与者：OmniVis，建立了基于智能手机的霍乱检测系统；Seabin，处理微塑料等海洋垃圾；Zindi，通过其网络平台为非洲提供人工智能解决方案。衡量它们成功的标准是盈利能力和社会影响，包括是否遵守道德且负责任地使用人工智能的承诺。

随着世界经济重建、实现 2030 年可持续发展目标的工作再度提上日程，微软的社会公益创业项目等举措可能会在 2020～2030 年这十年间发挥重要作用。

从微软的故事中总结

微软的初创公司合作之旅有三个重要方面值得我们关注：

1. 与企业战略共同调整——这与为何要进行企业与初创公司的合作有关。

2. 与初创公司共同创新——这与如何进行企业与初创公司的合作有关。

3. 与生态系统共同发展——这与在何处进行企业与初创公司的合作有关。

第一，关于为何，可以得出两个关键的观察结果。与初创公司的合作存在迫切性。在数字化时代，大型企业需要具有创业者精神，以应对颠覆和竞争的局面——其中一种表现方式就是与初创公司合作。的确，在微软的案例中，丹·列文、扎克·韦斯菲尔德和周健等管理者在推动与初创公司的合作方面发挥了极其关键的作用。尽管如此，由于大型企业与初创公司之间的巨大差异，它们的合作也存在挑战性。正如微软的案例所示，企业需要步步为营，与初创公司社区进行充分的沟通，才能更好地了解初创公司的情况。

第二，关于如何，同样有几点值得一提。重要的是确定一个系统化的合作流程，以解决大型企业和初创公司之间的不对称问题。在微软的案例中，一种行得通的模式是基于小组或班级的模式，它让一组高潜力值的初创公司在预设好的一段时间内聚在一起工作。建立与初创公司的合作能力也很重要。在微软的案例中，它显然已经建立了一种能力，这使得它能维持其与初创公司的合作成果。扎克·韦斯菲尔德、巴拉·吉里萨巴拉和戴夫·德拉奇等关键管理者，在他们离开微软后的职业生涯中，也都继续在其他组织内为企业与初创公司合作的事业贡献力量。

第三，关于在何处，就跨国公司而言，与初创公司在全球范围内建立合作是大有空间的。在微软的案例中，在总部强有力的领导之下，重要的合作活动发生在一系列不同的环境中：北美、西欧、以色列，以及新兴市场。正如丹·列文所说的："市场（子公司）采取的所有行动的大方向，都是由（我领导的）企业团队制定的。"中国和印度等新兴市场在与初创公司的合作方面也继续发挥着重要作用。最后，与初创公司在社会公益方面建立合作，也是大有机会的。这一点，从微软在非洲的工作中可以得到生动的体现，当然，在其他地方也是如此。通过推出正式的项目，与社会公益创业者达成合作，微软表明了，它愿意为实现 2030 年可持续发展目标（SDG）做出贡献。

这本书的主要内容

总的来说，微软的故事帮助我们理解了企业与初创公司合作关系中的"为何""如何"和"在何处"。

这同时也是本书的结构。

这本书讲的是大型企业实现创业精神的一种方式：与外部初创公司合作。具体来讲，那些帮助企业与初创公司接触的管理者们付出了很多具有创业精神的行动，而本书的主要内容就是将他们行动中的重要原则和实践经验提炼出来。我要声明一点，随意地在这里开一家创新实验室、在那里组织一场黑客马拉松并不会有什么作为。书中所讲的都是实质性的、程序化的干预措施，这些措施最终可能会使整个组织朝着更具创业精神的方向发生根本性的变化。

本书分三部分讨论企业与初创公司的合作（见图 P-2），每部分包含两章。

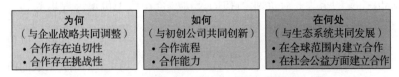

图 P-2　《与猩猩共舞巨头与初创公司合作指南》概览

为何：与企业战略共同调整

第 1 章，为何大型企业要重视创业精神，探讨了与初创公司的合作存在迫切性这个问题。企业需要有创业精神，才能在快速变化的环境中不断自我更新。面对挑战和颠覆——其中一些可能是由初创公司引起的，大型企业是有机会与初创公司进行合作的。大型企业擅长有效利用现有资源，而初创公司擅长对新能力和想法进行敏捷开发，然而这两种截然不同的组织其实是有望将各自擅长的东西以符合企业战略重点的方式结合起来的。

第2章，为何与初创公司合作并不容易，重点讨论了与初创公司的合作存在挑战性这个问题。尽管存在双赢的潜力，但大型企业和初创公司之间的自然合作并非易事。组织上的差异，以及对大型企业有利的权力优势，意味着"一切照旧"的态度不太可能使企业与初创公司的合作变得可行或有意义。因此，那些让合作双方彼此吸引的差异点，实际上也可能会让它们难以达成合作，想要有效地与初创公司进行合作，就需要认识到这些不对称性。

如何：与初创公司共同创新

第3章，如何系统性地与初创公司合作，为企业与初创公司之间的合作流程指明方向。大型企业内部具有创业精神的管理者必须做出扎实的努力，使企业与初创公司的合作产生价值。要做到这一点，需要制定出系统性、程序化的干预措施，帮助企业克服与合作系统之间不对称的问题。企业需要探索哪些形式对它们来说更有效。这当中的关键在于要制定一个明确的合作流程，使企业和初创公司的合作方式更有利于实现双赢。

第4章，如何培养与初创公司合作的能力，是关于如何发展出必要的合作能力。除了找到一个有效的流程外，企业还需要一种新的合作能力，以便在日后不断完善、更新和增加合作实践。组建专门的团队来负责与初创公司的合作业务，有助于企业建立一种反复实现系统性合作流程和实践的能力。这可能需要时间，但对于一家有意认真地与初创公司合作的企业来说，投入这些精力是值得的，而且的确是必不可少的。

在何处：与生态系统共同发展

第 5 章，与世界各地的初创公司合作，是关于在全球范围内建立合作。对于一家跨国企业来说，有望与多种区域环境中的初创公司合作。包括从西方国家中的硅谷这样的成熟社区，到中东以色列这样的远离中心的生态系统，以及像中国、印度甚至是逐渐崛起的非洲这样的新兴市场。由此，通过充分利用世界各地的创业人才，及时依据当地情况调整策略，积极采用新合作方式（例如在以色列等地区），并开发包括新兴市场和发展中市场在内的区域组合，像微软这样的跨国企业就能够有效地驾驭全球化进程。

第 6 章，通过与初创公司合作产生向善的力量，是关于如何永续合作，也就是在社会公益方面建立合作。除了共同创造经济价值外，企业与初创公司的合作还有产生社会影响的空间。比如在肯尼亚这样的地方，情况尤其如此，这些地方长期以来服务水平低下，但对创业的需求却越来越大，而且还有许多与社会相关的问题亟须解决。从大型企业的角度来看，它们不仅有机会在这些地区建立起良好的信誉，而且如果它看得很长远，随着当地对其服务的需求增长以及 2030 年可持续发展目标的实现，企业还可以从这些地区的发展中获益。

图 P-3 总结了本书的章节纲要。

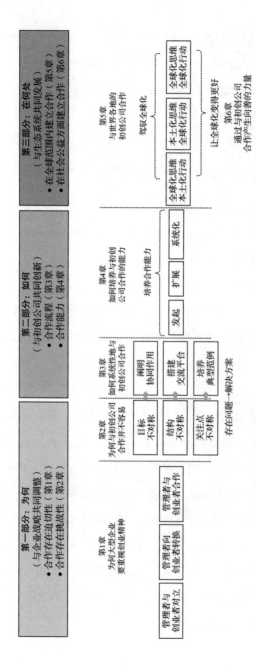

图 P-3 《与猩猩共舞巨头与初创公司合作指南》章节纲要

为何

01
第一部分

Why

第1章

为何大型企业要重视
创业精神

当大型企业开始与初创公司合作时，起初，人们
认为整个创业活动只是"一种潮流"。可我完全不认为
这是一种潮流。这明明是商业创新方式出现了根本性的
转变。

——Techstars 创新销售副总裁　戴夫・德拉奇

• • •

为何与初创公司合作

2005 年前后，我的研究课题"与猩猩共舞"——
与大型企业合作的初创公司，当时还处于起步阶段，
那时候想找到一个成功的合作案例都会让我绞尽脑
汁。不过，近十年间，情况已截然不同，大批企业竟
都设置了职务名称中包含"初创"二字的管理层。猩

猩努力学习跳舞的日子悄然到来了。

在这项历时 15 年多的研究中，我做了超过 400 次访谈，囊括了企业管理者、初创公司创业者以及其他参与了合作事宜的个人（详见"关于此项研究"）。借着实地访问的机会，我去了以色列特拉维夫证券交易所，在那里有一家名为"地面"（The Floor）的创业中心，为金融科技初创公司提供平台和资源；我去了瑞士苏黎世，那里的证券交易所同样也在为初创公司与大型企业牵线搭桥；我也去了英国伦敦，在巴克莱加速器（Barclays accelerator）里，我见到了硅谷的一家金融科技初创公司——Crowdz，他们正在寻找针对中小企业（SME）供应链金融的转型方案；我还去了宝马初创车库（BMW Startup Garage）在德国慕尼黑的办事处以及日产汽车（Nissan）设立在中国香港的英菲尼迪实验室（Infinity Labs），那里的初创公司在帮助这些汽车巨头采用新技术的同时，通过与猩猩共舞，探索着自己开拓创新的能力。我同时也针对新兴市场进行了很多研究性访谈，比如亚洲市场，特别是中国市场和印度市场，以及非洲市场。

我在实地访问中观察到，大型企业与初创公司合作的意愿越来越强烈，与我的观察不谋而合的是，波士顿咨询公司（BCG）一项研究显示，到 2015 年为止，七个行业的前 30 强公司中近一半（44%）都拥有孵化器或加速器，而在 2010 年，这一比例仅为 2%。这种参与度预计有增无减。联合利华在其创新报告白皮书中指出，80% 的企业相信，与外部初创公司合作能促进企业内部创新，报告还预测，到 2025 年，大型企业和初创公司都将在一个屋檐下工作。

大型企业掀起了与初创公司携手共进的合作热潮。企业在很多时候都会寻求具有某种数字化能力的初创公司来合作。不论是信息技术（IT）企业，还是那些身处传统行业中的企业，都是如此。一些企业——尤其是一些 IT 企业——比其他企业更早地开启了与初创公司的合作之旅。其中就包括了微软、IBM、英特尔（Intel）和 SAP 等公司，其中很多企业并非从一开始就与初创公司为伍。随后，拜耳（Bayer）、日产汽车、联合利华和沃尔玛等非 IT 企业也开始与数字化初创公司结伴而行。企业管理者与初创公司创业者之间的往来正在急剧增加。

为何会出现这种情况呢？有三个要点值得讨论。第一，与初创公司合作的出发点恰恰在于企业预测到了这些公司所带来的威胁——初创公司可能会对大型企业的经营管理造成一定的干扰甚至颠覆。第二，在考虑如何应对干扰时，一些大型企业的管理者尝试让自己变得更具创业精神，表现出了积极主动（主动性）、推陈出新（创新性）和敢于冒险（风险承担性）的行为。第三，管理者表现其创业导向的一种重要方式，就是与外部初创公司合作。创新应该更加开放，通过将外部企业纳入自身所在的生态系统，大型企业日益感受到了与初创公司进行分工合作的潜力，因为大型企业擅长开发、利用现有能力，而初创公司则更善于探索新的能力。

总的来说，虽然创业者对于大型企业的管理者来说是一种干扰源，但当管理者表现出创业精神并参与到更广阔的生态系统当中时，初创公司就成了共同创新的来源。为了更完整地展现企业管理者是如何一步步迈向与创业者的合作之路的，本章会从图 1-1 所示的三个方面进行阐述。

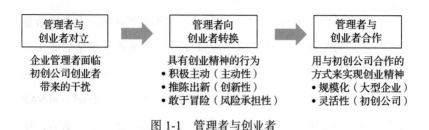

图 1-1　管理者与创业者

管理者与创业者对立：颠覆性的挑战

最初的情况与已故哈佛商学院教授克莱顿·克里斯坦森（Clayton Christensen）的观点是一致的，创业者所建立的初创公司可能成为大型企业管理者的干扰源；一些初创公司的成功是以牺牲行业中现有的老牌企业为代价的。今天的大公司，在它们初出茅庐之时，也曾满怀创业精神，如今却被正在寻求新机会的初创公司所颠覆。通过更多基于云计算、大数据、物联网和人工智能等数字技术所开发出的新商业模式，初创公司可以改变游戏规则，严重影响现有公司的经济效益。众所周知的颠覆性案例包括亚马逊对巴诺（Barnes & Noble）等书商，网飞（Netflix）对百视达（Blockbuster），爱彼迎（Airbnb）对希尔顿（Hilton）和万豪（Marriott）等连锁酒店，金融科技初创公司对传统银行——此类案例不胜枚举。因此，从某种意义上来讲，初创公司的创业者已成为企业管理者的死敌。

初创公司所具有的颠覆性源于它们所寻求的机遇。于 20 世纪 80 年代将创业管理课程首次引入教学的哈佛商学院教授霍华德·史蒂文森（Howard Stevenson）提出了一个简略却有力的见解：创业者不同于管理者，他们的出发点是一次机会，而不是资源。企业中专业的管理人员大多是较传统的"行政"管理者，他们习惯于最大化利用已掌握的资源，而创业管理的目标则涉及寻求识别到的新机会。如此一来，创业者的主要"工作"就成了组织相关资源，比如人力和资金。

初创公司抓住了机遇，带来了商业模式上的创新，从而引发了干扰或颠覆，而数字化创新时代则加剧了这种趋势。在世纪之交，互联网热潮达到顶峰，随后便戏剧性地消退。但是，无论我们从那场非理性繁荣的风险中学到了什么，很明显，互联网已经永远地改变了世界。亚马逊这样的公司正在重新定义书籍之类的普通商品的销售模式。不同的是，互联网热潮之后，新的商业模式——"如何"将"什么（产品）"和"谁（市场）"连接起来——应运而生。在过去的几十年里，数字化进程突飞猛进，势头不减，各行各业都不得不奋力应对这一新的趋势。

在新冠疫情之前，许多管理者就因这些干扰而焦虑不安，而这些干扰大部分拜数字化进程所赐。从汽车到银行、零售等行业，都在被初创公司所颠覆，那些初创公司追求新机会，拥有灵活适应型的组织文化，且都进行着能够改变行业游戏规则的商业模式创新。根据麦肯锡的一项研究，84%的企业高管认为创新是商业成败的关键，与此同时，80%的高管认为自己企业的商业模式面临风险。

应对数字化颠覆已然成为当代企业的决定性战略要务之一。越来越多的企业管理者认识到，常规经营已不足以应对大多数行业所面临的冲击，特别是考虑到数字化的兴起，势必另辟蹊径。创业者（初创公司）和管理者（大型企业）之间潜在的敌对关系意味着：初创公司需要在成长和规模化的同时磨炼行政管理技能，而大型企业也需要掌握创业管理技能来应对颠覆性的挑战。

换句话说，管理者需要变得更具创业精神。

管理者向创业者转换：如何应对颠覆

之所以出现颠覆性挑战，原因并不在于大型企业没有做好自己的工作，恰恰相反，是因为大型企业把自己的工作完成得很出色。正如已故的斯坦福大学教授詹姆斯·马奇（James March）所指出的那样，公司只做两件事：第一，开发（exploitation），利用现有能力去运营公司擅长的业务；第二，探索（exploration），开发新能力，开拓新业务，开展新流程。一般情况下，企业都会在开发方面做得很好，因为这能直接转化为经济效益，管理者往往也更专注于此，因而忽略了探索。相比之下，初创公司则注重探索，而当它们的创新（包括商业模式上的创新）改变了游戏规则的时候，便会对大型企业产生冲击。

换言之，尽管人们普遍认为管理者关注的是资源的优化（这倒也没错），但仍有一些管理者在世人眼中颇具创业精神，也就是说，他们展现出了一种"创业导向"。创业学学者花了大量精力去研究这种导向的本质是什么以及它有什么影响，创业导向包含了许多维度，其中有三个特别值得我们注意。

1. 积极主动（主动性）：指采取主动的行为，而非静观其变或后人一步。

2. 推陈出新（创新性）：指追求具有创意的、不同寻常的解决方案；创业者可能会对产品、流程或商业模式等方面进行创新。

3. 敢于冒险（风险承担性）：指创业者明知有失败的可能性依然能够采取行动；成熟的创业者会通过与他人分担风险等方式来降低风险，同时，能认识到并接受自己的事业或多或少是存在风险的。

事实上，内部创业，也就是在老牌企业中追求创业精神，在历史上由来已久，几经浮沉。早在20世纪40年代末，美国洛克希德·马丁公司（Lockheed Martin）就设立过一个名为"臭鼬工厂"的独立部门，负责新产品的研发（探索），而不干涉公司的日常经营（开发）。在20世纪60年代，3M公司研发的一种新型黏合剂最终在20世纪70年代初期促成了该公司著名的黄色便签纸的发展。3M公司曾有一项著名举措，它鼓励员工将15%的时间用于对公司有利的个人项目。在公司任职的斯宾塞·西尔弗博士（Dr. Spencer Silver）偶然间发现了一种黏合剂。他花了数年时间摸索，并在另一位内部创业者阿特·弗莱（Art Fry）的帮助下，亲自确定了它的用途。最终，几经改良，诞生了如今无处不在的黄色便签纸。史蒂夫·乔布斯在20世纪80年代曾活跃于一项企业内部创业项目，Macintosh就是在这个项目中诞生的。乔布斯在接受《新闻周刊》（Newsweek）的采访时坦言，他在苹果公司的Macintosh项目上所做的事情，正符合所谓将"初创车库"（startup garage）带到大型企业中去的理念。20世纪90年代，久多良木健（Ken Kutaragi）还是一位闲暇时给自己的小女儿修理任天堂游戏机的中级工程师，他利用业余时间开发了一个小项目，这个野心勃勃的小项目最终成了PlayStation。

这些著名的自下而上的内部创业案例，如果放在更加自上而下的组织环境中，可能就不太容易实现了，特别是在企业高层在这些想法尚处萌芽期便有所耳闻的情况下。伦敦商学院的朱利安·伯金肖（Julian Birkinshaw）与我合著了《与猩猩共舞》这篇文章，他经常说，大型企业通常都有一种"企业免疫系统"来压制不符合常态的新想法。因此，内部创业者总是默默地培植自己的点子，直到它们有足够的价值被分享出来——这一直以来都至关重要。伯金肖的早期研究中生动地表明了这一点，那些与跨国公司总部相距甚远的子公司当中出现的自下而上的创业案例，无一不是如此。比如，NCR 公司在苏格兰的一家子公司就悄悄地进行了内部创新，直至其技术实力足以令美国总部为之侧目，而它也因此成功地获得了更大的授权。

所有这些激发内部创业精神的尝试都有一个共同点，那就是向内关注（internal focus）；这些创业行为在本质上都是由那些希望能更有效地撬动企业内部资源的内部创业者们推动的。随着企业不断寻求系统化地识别和培养内部创业者，内部创业的实现途径逐渐变得复杂，而非像曾经的 3M 便签纸或索尼 PlayStation 那样归功于意外之喜。众多公司都拥有了自己的内部创业计划：系统性地接收新项目的推介，推介成功的项目将在一段时间内获得支持，然后接受评估，以确定该项目能够持续获得成功。众所周知，谷歌（Google）就借鉴了 3M 公司的内部创业策略，允许员工将 20% 的时间用于开发与公司相关的个人想法，Gmail 就是这些努力带来的众多创新之一。

如今，许多公司都试图开发出系统性的方式来鼓励内部创业。三星的创意实验室（C-Lab）就是一个很好的例子。内部创业小组被给予资源和时间，来研究与公司有一定相关性的点子。在某些情况下，成功的内部创业项目会被拆分出来成为独立的经营实体，而项目发起公司甚至可能会对它们进行投资。内部创业的优势是能够为参与其中的个人提供一定程度上的风险规避——哪怕项目失败了，他们仍能有份工作。在某些情况下，就像三星那样，如果一切都按计划进行，最终就能得到一项剥离出来的业务（而且可能会从其企业风险投资部门获得资金）。比如 2017 年成立于首尔的一家为儿童开发智能玩具和移动解决方案的公司 TagHive，就是从三星的内部创业计划中脱颖而出的，而三星则是该初创公司的战略投资人。在另外一些情况下，创业团队的成就感来源于亲眼看到自己的创业项目被采纳，并经由公司业务部门实现商业化，从而为公司创造收益的过程，而且通常创业团队会获得某种形式的奖励。

现在就连子公司都有可能会开展系统性的内部创业计划。比如英特尔中国区的 Ideas2Reality（现更名为 GrowthX）计划就是一个很有趣的例子，它是以子公司为基础的创业计划，且具有系统的计划结构（而不是临时性或一次性的计划）。2015 年，在中国政府提出"大众创业、万众创新"的号召之下，英特尔中国子公司的领导层委托创新总监卡皮尔·凯恩（Kapil Kane）为其庞大的工程师人才库培育一种创业型思维。

我有幸客串了一个能为凯恩的计划建言献策的小角色。我的一位 MBA 学员当时在凯恩那里实习，他向凯恩提起了我的研究——"与猩猩共舞"。当我和凯恩在上海见面并交换想法的时候，我迅速意识到凯恩的想法（当时就令我耳目一新）与内部创业精神是高度一致的。于是我欣然同意了在他与英特尔中国区工程师们的下一次会议上发表演讲，分享我的研究心得，特别是与内部创业相关的内容。

我将我的演讲主题定为"内置创业精神"（Entrepreneurship Inside），并模仿"内置英特尔处理器"（Intel Inside）的标志，将这几个字也圈了起来。凯恩立即心领神会，即便之前他在苹果和英特尔的其他岗位上效力，他本质上也是一名内部创业者，因而他对内部创业的概念产生了极大的共鸣。通常情况下，需要有少部分内部创业者首先发起和运行这样的内部创业计划，以便促使其他人开展内部创业。这些发起内部创业的个人需要对提供资源和存在制约的外部环境以及内部现状（包括政治因素）有透彻的了解。而那些拥有让内部创业者感到被赋能和被重视的企业文化的机构，在面对不连续的变革时更有可能保持竞争力。

接下来的几周里，在其他人的协助下，凯恩创建了一个系统性的内部创业计划，用来支持那些项目有望成功的内部团队，这些项目充分利用了英特尔的技术且极具市场潜力。有趣的是，在这些内部团队中有人发现，通过与外部初创公司合作，他们可以大幅加快自己的进度。举个例子，英特尔的一个团队在研究如何使用面部识别技术来操控房门，他们在寻找 OEM（代工厂）合作伙伴共同开发解决方案并将其推向市场。压制着寻找另一家大型企业来合作的本能，凯恩帮助这个团队与杭州的一家外部初创公司搭上线。正如他向我解释的那样："通常情况下，大型企业会寻找其他大型企业进行共同开发，因为它们有共同语言，认为彼此合作会很安全。然而，在我帮助这个团队与杭州的一家外部初创公司建立联系后，这个合作项目在三个月内就取得了成果。"

英特尔中国的经验告诉我们，尽管内部创业项目前景光明，且依然是企业创新手段的重要组成部分，但与外部初创公司多接触同样也可以创造价值。一些内部创业者的确会选择跳出自己组织内部的限制，将目光投向外部；他们会尝试通过与外部初创公司合作来为自己的组织注入创业精神。在 21 世纪，人们越来越认识到开放创新和生态系统思维的重要性。与初创公司合作已成为企业在与外部合作伙伴共同开展创新活动当中的一个必要组成部分。这也带来了新的可能性，比如初创公司可以使用大型企业的核心技术创建新的应用程序，合作双方甚至可以共同开发新产品。换言之，一些内部创业者开始将目光投向外部，与外部初创公司打交道，从而引出了第三个方面：管理者与创业者合作。

管理者与创业者合作：联手外部初创公司

企业管理者们逐渐意识到，外部创业者能够成为盟友，而不该仅被视为具有颠覆性的竞争对手。通常情况下，带头与企业外部初创公司接触的管理者本身也是内部创业者。也就是说，他们在大型企业内部展现出的具有创业精神的行为，就是搭建在企业与初创公司之间的桥梁。

这十分有意义，因为大型企业已经看到了内部研发工作与外部协作相辅相成所带来的价值，这被亨利·切斯布罗（Henry Chesbrough）教授等人称为创新中的"开放性"。罗恩·阿德纳（Ron Adner）教授等人在强调生态系统思维的必要性时重申了这种开放性的重要性。尽管微软最终在移动电话业务上表现不佳，但在一次记者招待会上，有关微软与诺基亚结成战略联盟的评论——各公司正在进行一场"生态系统大战"——还是很中肯的。协调由各个合作伙伴组成的生态系统已成为数字时代的战略要务之一。初创公司已成为企业创新生态系统的重要组成部分。

企业与初创公司合作可以被视为一种企业与初创公司之间的"创业性分工"（division of entrepreneurial labor）。在完成博士和博士后研究后，我的第一份教学工作是在英国格拉斯哥大学（Glasgow University）商学院，该学院是以现代经济学之父亚当·斯密（Adam Smith）的名字命名的，他是该校历史上最受尊敬的教授之一。亚当·斯密对劳动分工的见解彻底改变了人类对经济活动的研究。而我和著名的国际商业学者彼得·巴克利（Peter Buckley）教授一起，力图将劳动分工的观点应用于对企业与初创公司合作关系的研究中。

我们的出发点是，颠覆性带给企业的威胁与企业对其的回应之间，反映出了一种探索（exploration）与开发（exploitation）之间潜在的紧张关系。大型企业善于开发：它们倾向于坚守自己正在追寻且获得过成功的道路。但是今时今日的成功可能是以牺牲未来的增长为代价的。相反，善于创新的初创公司更热衷于探索：它们更关注那些基于自身能力不断提高而出现的新机会。两者的关系一方面可能会产生冲突（管理者与创业者对立），但另一方面也存在合作的可能性（管理者与创业者合作）——初创公司的探索能力与企业的开发能力相结合。也就是说，尽管创业精神很重要，但企业不必事事亲力亲为。企业可以充分将自己的优势与初创公司的优势相结合。这种创业性分工可以从前面提到的三种具有创业精神的行为来观察：主动性、创新性和风险承担性（见表 1-1）。

表 1-1　大型企业与初创公司合作的创业性分工

	大型企业	初创公司
主动性	开发现有市场	探索新的细分市场
创新性	下游活动——规模大、古老	上游能力——体量小、新颖
风险承担性	需要解决灵活性不足的问题	需要解决正当性欠缺的问题

资料来源：选自 Buckley and Prashantham。

在主动性方面，可能存在将初创公司对新细分市场的探索与企业对现有市场的开发相结合的空间。在创新性方面，大型企业在下游（营销）活动方面的专长可以与初创公司的上游（创新）能力结合在一起。在风险承担性方面，大型企业的正当性可以让初创公司受益，而初创公司的灵活性则可对大型企业有所助益。

显然许多企业已经看到了这种创业性分工的前景，于是纷纷主动与初创公司展开合作。这当中也不乏传统企业。比如，在快速消费品（FMCG）巨头联合利华中，一位名为杰里米·巴塞特（Jeremy Basset）的管理者原是一位内部创业者，他的努力促成了 Unilever Foundry[⊖]计划，帮助企业实现依靠初创公司开发包括数字营销在内的各类解决方案。这种尝试有别于企业风险投资（CVC）。这些内部创业者通过以项目为单位的创新参与模式，以试点或研发项目的形式与初创公司共同创新，而非对它们进行投资，进而持有少数股权。

诚然，我研究过的许多公司，比如宝马和 SAP 都拥有自己的 CVC 分支机构。然而，我研究过的初创公司合作案例——比如宝马初创车库或 SAP 初创公司激励计划（SAP Startup Focus，后来被其他计划取代），都没有股权投资。相比 CVC 部门会投资的那些初创公司，这种方式能让企业与更多的初创公司打交道，使其能够灵活地将一些处于早期阶段的初创团队纳入麾下。

以宝马为例，初创车库项目的创建反映了汽车行业所面临的战略要务，也就是来自数字化的颠覆。该项目的联合创始人格雷戈尔·吉米（Gregor Gimmy）是一位从硅谷回来的德国人，他曾在硅谷创业，还担任过设计公司 Ideo 的顾问。吉米的逆向思维对宝马初创车库具

⊖　意为"联合利华创想＋"。——译者注

有重要影响，比如他主导的该项目的视觉识别（VI）设计，该设计十分吸引初创公司，以及他在众多创业生态系统活动中担任主题发言人以便进行商业拓展的策略。

在 SAP 的案例中，Startup Focus 则是一个自上而下的计划，遵循企业的重大战略规划。SAP 早已做出了开发 HANA 平台等平台技术的战略决定。2012 年，SAP Startup Focus 作为一项倡议计划启动，旨在与初创公司合作，并将它们引入 SAP 的平台。对于一家向世界上最大的公司提供企业资源规划（ERP）解决方案的知名企业来说，这是一个巨大的变革。董事长委托时任首席技术官（CTO）的维沙尔·西卡（Vishal Sikka）在硅谷运营该计划。最终，在帕洛阿尔托⊖（Palo Alto），一位名为曼朱·班萨尔（Manju Bansal）的副总裁（VP）领导了该计划。通过在世界上最具创新性的创业生态系统中运营这一计划，SAP 发出了一个信号，表明其意图的严肃性。班萨尔通过其艰苦的努力，与世界各地的同事保持着联系。

当然，最大的担忧是，在没有班萨尔这样的跨界者⊜的情况下，当这些创业举措位于总部和主流业务部门之外时，它们对该组织几乎没产生什么实质性的影响。这就是为什么在企业内部跨越边界变得如此重要。正因如此，像班萨尔和吉米这样的人在企业和初创公司之间起到了至关重要的桥梁作用。他们需要被初创公司认同，也需要得到企业的信任。因此，让具有创业精神的个人甚至前初创公司的创业者来扮演关键的桥梁角色就变得十分重要了。此外，将这

⊖　硅谷的核心城市之一。——译者注
⊜　在社会科学研究和组织心理学中，在创新系统中负责将组织的内部网络与外部信息源联系起来的个人被称为跨界者。——译者注

些人与企业资深人士搭配在一起也可能会有很大帮助，吉米就属于这种情况，他与宝马内部人士马蒂亚斯·迈耶博士（Dr. Matthias Meyer）共同创立了宝马初创车库。

尽管这些创业者中有些人积极宣传自己的运作方式优于CVC，但我倾向于将非股权合作和CVC视为企业创新工具包中互为补充的手段。一些合作尝试，例如拜耳和西班牙电信（Telefonica），确实有条款规定可以参股。但更重要的一点是，就像CVC专家、硅谷银行的杰拉尔德·布雷迪（Gerald Brady）以雄辩的口吻向我阐述的那样："企业需要做好的那一部分就是合作。你不能在没有合作的情况下进行投资，但你可以在不投资的情况下进行合作。"

因此，无论采用股权还是非股权的方法，关键在于要以合作伙伴的身份与初创公司共事，联合利华的内部创业者、Unilever Foundry计划的创始人杰里米·巴塞特重申了这一观点："我们提出什么想法其实并不重要；世界上已经有人在那些领域做了一些事情。如今，增长不再是通过合资或收购实现的，而是通过真正的合作伙伴关系实现的。"

合作共赢的空间

本章的一个关键信息是，寻求建立内部创业环境并不妨碍企业参与外部创业——事实上，这是内部创业者帮助推动企业创新的一种强有力的方式。如前所述，这种情况下是可以进行创业性分工的：在优势互补的基础上开展合作，实现互利共赢。每个合作伙伴都有对方所缺乏的专长。这样一来，就会形成三个相互关联的益处：正当性、学习机会和商业机会（见表1-2）。

表 1-2　企业与初创公司合作的益处

	对企业的益处	对初创公司的益处
正当性 （以相互尊重为基础）	建立成为首选合作伙伴所需的文化；赢得全心全意的合作	因为得到投资人的重视而增加获得资金的机会
学习机会 （在合作关系当中）	接触新颖的想法，商业模式创新	增加技术层面的专业经验
商业机会 （在跨公司网络或生态系统内部）	由于撬动跨公司生态系统而创造出更大的价值	获得更强市场准入，尤其是在 B2B 市场

正当性

显而易见，一家初创公司在与一家老牌大型企业合作时，它的公信力会大增。拥有微软加速器的"校友"身份，对世界各地的初创公司在诸多方面都有助益。第一，一些创业者告诉我，这个身份更容易吸引到核心员工。第二，许多创业者提到，由于有大型企业背书，潜在投资者对他们的重视程度更高。第三，初创公司能更轻易地向潜在客户——尤其是企业客户敞开大门。

虽然有些违背直觉，但即便是大型企业，也可以通过熟练掌握与初创公司合作的方法而在正当性方面获益。随着与初创公司的接触变得越发普遍，企业之间也逐渐展开竞争，争取让最好的初创公司与自己全心全意地合作。因此，获得初创公司首选合作伙伴的声誉对大型企业来说极具吸引力。这样的声誉来自多个维度，当初创公司认为企业公平、可信，真诚地与初创公司进行有意义的接触（而不只是口头上的承诺），并且有能力管理好合作流程时，企业就更有可能建立起这种声誉。

学习机会

尽管初创公司在自己专攻的细分领域中通常很强大，但它们往往能够通过与大型企业合作来扩大自己的知识基础。首先，它们可能会获得某些补充性的专业经验，并了解企业在这些领域的技术路线图。其次，近距离接触一家大型企业让它们有机会接触成熟的业务流程和高度的专业化，这是年轻公司通常缺乏但渴望在未来能实现的。最后，它们有机会更深入地了解更广泛的跨公司生态系统网络是如何运作的。

从企业的角度来看，自己有机会从多个方面补充核心领域的专业经验。首先，它有可能接触与新增的细分领域相关的专业技术，从而在核心产品中增加有用的应用程序。其次，它们或许能通过吸纳初创公司的知识来填补自己技术上的一些空白。（在这种情况下，企业可能会在某个时候决定收购这家初创公司。）最后，企业可能会从初创公司合作伙伴那里学到新的商业模式。所有这些都可以综合起来，以开发出更多的整合产品，从而挖掘出新的商业机会，也就是创收机会，下面会详述。

商业机会

站在初创公司的角度，与"大猩猩"或企业生态系统中的其他成员合作，可以使自己从多种途径获得新的商业机会。首先，通过委托进行概念验证等项目，"大猩猩"自己就可能成为初创公司的新客户。其次，可能会有"大猩猩"和初创公司通过优势互补获得共同进入某个目标市场的机会。最后，可能会出现初创公司与生态系统中其他成员整合资源，共同寻求新的销售机会和业务增长的可能性。

对于大型企业来说，通过将其核心能力与初创公司合作伙伴的核心能力相结合，有机会提供更高质量的服务和产品。首先，这些服务和产品有可能满足某些以前无法被满足的客户需求，从而提高企业的增收潜力。其次，由于采用了初创公司合作伙伴的新商业模式，企业可能会有新的销售机会。最后，基于从初创公司合作伙伴那里学到的与众不同的能力，企业甚至可以瞄准新的业务领域或迄今尚未接触的客户。

与初创公司合作虽极具吸引力，却并不简单

我常常从企业管理者和初创公司创业者那里听到一个说法——他们所在公司之间存在双赢的可能。然而，但凡做出过合作尝试的人都会紧接着补一句"可这并没有那么容易"。尽管，与初创公司合作作为一种企业创新工具，人们对它的兴趣与日俱增，但许多企业仍在研究如何使它发挥作用。阿瑟·D.利特尔（Arthur D. Little）的一项研究显示，83%的受访企业管理者认为与初创公司合作具有长期重要性，但只有28%的人认为自己在接触初创公司方面有着丰富的经验。想要达成合作，还需要在如何与初创公司打交道方面积累更多专业知识。

事实上，"与猩猩共舞"这个说法之所以能引起这么多我遇到的人的共鸣，其中一个原因是，它似乎暗含着一种初创公司在面对大型企业时的危机感，而大型企业本身也必须努力克服它们与初创公司之间的障碍。

当我在慕尼黑与宝马初创车库的联合创始人格雷戈尔·吉米见面时，他向我解释道，他花了很多心思让合作计划的标志、网站甚

至办公室装潢，都与宝马的标准企业品牌形象迥异，这样才能对初创公司更友好。这很好地描述了企业和初创公司之间的巨大差异。当然，多家大型企业仍在不厌其烦地寻找与初创公司有效合作的方式，这便说明了合作共赢的前景。在宝马的案例中，汽车行业面对的颠覆性挑战促使大型企业渴望在网络安全、连通性、自动驾驶、电气化和共享经济等领域与极具创新力的初创公司合作。

但这需要合作双方都认识到，企业和初创公司之间存在不对称性，这意味着，一方面，它们之间的巨大差异使得它们能够作为互补的合作伙伴相互吸引，另一方面，这些差异本身也意味着它们的合作并没那么简单。

第 2 章将详细分析企业与初创公司之间的不对称性。

第 2 章

为何与初创公司合作并不容易

对于大型企业来说，想要激发出像初创公司那样的动力和灵活性是很难的。我们向来遵循"认真规划、完美执行"的理念。我们会做最充分的研究。当我们推出一项产品或服务时，我们会竭尽所能地投入其中……这些做法与创业环境中所需要的正好相反。

——联合利华创想＋创始人　杰里米·巴塞特

• • •

合作共赢：需先克服不对称性因素

虽然从理论上来说，大型企业与初创公司之间进行创业性分工的空间很大，但挑战依然存在。

这个挑战就是不对称性，它与这种潜在的双赢合作的基础有关系，即它来源于，在大型企业对其现有能力进行大规模开发的同时，初创公司正在灵活敏锐地探索新领域。正如詹姆斯·马奇教授 30 年前说过的那样，成熟的组织倾向于不断完善使其获益的能力（开发），年轻的公司则通过获取新能力来增强竞争力（探索）。

具有讽刺意味的是，这些差异既让二者有了互惠互利的可能，也导致了企业和初创公司之间的严重不对称，阻碍了彼此合作的前景。正是由于大型企业更擅长开发、初创公司更善于探索，企业才热衷于与初创公司对话，但这根深蒂固的分歧无法在一夜之间改变，并且阻碍着双方的成功合作。

当然，这听上去像是对大型企业的夸张描绘。然而，虽说近年来一些大型企业在调整与初创公司的合作方式上颇有成效（第 3 章和第 4 章会讲到这一点），但即使对于那些主动推动初创公司合作事项的管理者来说，也并非一帆风顺。此外，对于迟迟没有开启与初创公司合作的企业管理者来说，深刻理解企业与初创公司之间的不对称性是十分重要的。否则，他们就只能做个旁观者，无法踏上充满挑战但回报丰厚的初创公司合作之旅。

我发现有太多的企业管理者，尽管他们有与初创公司合作的意图，但却遇到了障碍，而这些障碍便是其长期习惯的规划、组织和执行等工作方式带来的。与这三个方面一一对应，存在三种不对称性：

1. 目标不对称（与规划相关）。

2. 结构不对称（与组织相关）。

3. 关注点不对称（与执行相关）。

每一种不对称性都阻碍着第 1 章中提到的正当性、学习机会和商业机会这三种共同利益的实现（见表2-1）。本章我们着重讨论这些阻碍是如何出现的，以便为理解第二部分（第3章和第4章）企业与初创公司"如何"合作打下基础。

表 2-1　阻碍企业与初创公司合作的三种不对称性

	目标不对称 （规划）	结构不对称 （组织）	关注点不对称 （执行）
正当性 （相对于创业生态系统）	与初创公司缺乏共性	与初创公司缺乏联结	对初创公司缺乏信心
学习机会 （从合作关系中来）	不兼容的学习风格	无法获得学习机会	无效学习
商业机会 （在更广泛的跨公司生态系统当中）	加入生态系统的限制性标准	与生态系统交流的接触点有限	与生态系统合作的苛刻条件

目标不对称

首先要考虑的差异是，大型企业在规划时使用的方法，与初创公司有着鲜明对比。如前所述，大型企业的管理者主要致力于管理资源，而初创公司的创业者则专注于寻找机会。与初创公司相比，大型企业基于更长的决策期限且采用更正式（和更不灵活）的方法进行规划。此外，管理者和创业者在追求目标的方法上也截然不同，前者多从结果开始，然后反推出方法，而后者很可能恰恰相反。而且大型企业更加强调控制和协调，以期降低执行风险。此类差异就是目标不对称，它在实际经营中对正当性、学习机会和商业机会等利益造成妨碍，导致大型企业没有清楚地认识或理解与初创公司合作的潜力（尽管大型企业能模糊地感觉到这些利益的存在）。

与初创公司缺乏共性

企业管理者专注于以最优方式管理资源（而非像创业者那样追求机会），所以他们更注重以效率为导向的目标。进一步来说，他们更倾向于与相似的人交往，而不是与不同的人交往。因而他们在与其他组织打交道时，可能会选择另一家大型企业，甚至是一家规模较小，但随着时间的推移，工作方式会逐渐与大型企业趋同的公司。与这样的公司（而不是那些不相似的公司）合作，符合企业注重对现有能力有效开发的目标，然而这种情况可能会阻碍企业自然地建立与创业生态系统相关的正当性。

在我看来，这种合作意向上的差别正好印证了哈佛大学教授罗伯特·帕特南（Robert Putnam）所说的粘连性（bonding）和连接性（bridging）社会联结（ties）的概念。粘连性联结是指我们与相似的人之间的关系，而连接性联结是指我们与不相似的人之间的关系。相似与否，是依具体情况而定的：在体育运动中，相似性可能在于年龄或性别（我更有可能与其他男性，而不是女性，在运动上有共同的兴趣，尽管这有可能是一种刻板印象）；在食物的问题上，相似性可能在于文化或民族（我更有可能和亚洲同胞，而不是其他人种，有相同的饮食偏好）。

粘连性和连接性联结各有各的好处：粘连性联结（往往更牢固，且有许多共有的关系）有助于建立信任，而连接性联结（往往较弱，共有的关系较少）有利于产生新颖的、创新性的信息、想法和机会。在追求经营效率时，公司更倾向于与有共同语言、有相似的规划方式的公司建立粘连性联结。

企业与初创公司的合作则属于连接性联结。也就是说，在与追求创新相关的各个方面，它们都存在着巨大差异，包括员工数量、组织结构和可用资源等方面所体现的规模差异。

因而企业与初创公司的合作关系便具有连接性联结的优势——能创造出自己单独运营或与相似公司合作时很难创造出的新东西。不过，这样的差异在为它们提供创新力的同时，也带来了挑战。

大型企业注重有效率地追求目标，因此，理解目标不对称很重要，而理解此不对称性的出发点很简单：企业看不到与初创公司的共性。虽然正是因为有差异，企业才想要与初创公司合作，但缺乏共性意味着，企业很可能需要付出许多与自身习惯和经验背道而驰的努力，才能在初创公司社区中建立正当性，然而，并不是所有谈论与初创公司合作前景的管理者都意识到了这一挑战。

不兼容的学习风格

企业对效率的追求会转化成一种规划方式，它被联合利华初创公司合作计划的创始人杰里米·巴塞特称为"认真规划、完美执行"（plan and perfect），而从企业在与初创公司的合作过程中获得学习成果这个角度来说，这种规划方式可能会带来麻烦。

企业的规划流程既详细又耗时。相比之下，初创公司很匆忙，如果几天内得不到合作伙伴的回应，它们可能就会完蛋——至少，它们依靠这种紧迫感经营公司。对于大型企业来说，即使它们（按照自己的节奏）迅速采取行动应对颠覆性创新的挑战，它们的规划期限通常还是比初创公司长得多，这对初创公司来说是很令人沮丧的。我访问过的一位创业者气呼呼地讲述了与一家加利福尼亚州大型跨国企业打交道的情形，这是一家会被大多数行业观察人士描述为发展相当迅速的企业。然而，这位创业者称与他接触的企业管理者为"一个总想知道更多的人"。他说道："这个人总想知道更多关于我们的流程或解决方案的事情……而他自己却迟迟不行动。我们在这个慢吞吞的家伙身上浪费了三个月的宝贵时间。"

这种差异使得企业和初创公司之间的协作很难以一种能形成互利的学习成果的方式进行。莎拉斯·萨拉斯瓦蒂（Saras Sarasvathy）教授对管理者和创业者追求目标的方式进行了独特的区分，指出了他们在规划方面的差异，同时也暗示了他们在学习风格上的差异。她认为，对于企业管理者来说，他们依据因果（causal）来制定决策，首先确定最终目标，然后确定实现方法；相反地，对于创业者来说，他们依据效果（effectual）来制定决策，首先有了方法和途径，然后再看能达到什么目标。说得再详细一点，企业是由管理者组成的，这一点在中层管理者的工作中体现得非常明显，而他们的思维方式非常线性。他们从目标开始，着手整合和撬动能够帮助他们实现目标的方法和手段。这种决策方式可以被描述为遵循因果。初创公司的创业者则采取完全相反的方式。他们从自己掌握的方法和手段开始，比如专业技能和人脉，然后倒推自己能够实现哪些目标。这种决策方式可以被描述为遵循效果。

每种决策方式都可以单独运作得很好，但当两种不同的方式发生冲突，例如在大型企业的管理者和初创公司的创业者接触时，困难就会渐渐浮出水面。管理者们冒着过度泛化的风险，在一个缺乏灵活性的环境中运营企业。企业专注于特定的目标（主要涉及对现有资源的最优化利用），这使企业更难变得敏捷或灵活。企业管理者们对尝试新想法缺乏动力。虽然这使得企业与敏捷的初创公司合作变得有趣，但这也意味着，企业与初创公司在目标上，进而在学习风格上，并没有明显的兼容性。由此看来，企业管理者和初创公司创业者在通过合作关系相互学习这一方面，努力的方向从根本上就是不同的。因此，企业与初创公司合作的潜在益处之一——获得学习成果，可能就会因为目标不对称而受到阻碍。

加入生态系统的限制性标准

强烈的控制欲导致企业在规划流程时出现一定程度的不灵活性，具有讽刺意味的是，这正是大企业的特征之一，而与初创公司合作，旨在帮助企业减轻这种情况。正如罗恩·阿德纳教授所指出的，管理者都将重心过多放在了对执行风险的管理上，错失了发挥更广泛的跨公司生态系统的作用。企业对控制和协调的强调可能会催生一种倾向，即专注于与供应链运营或收购相关的垂直关系，而不是有助于产生商业机会的横向合作关系。

美国某大型汽车企业的一位高管曾对我说："你关于与初创公司合作的想法很吸引人，但我们这样的企业都太执着于控制，无法与初创公司成为真正的合作伙伴。"紧接着，他向我讲述了该企业如何在近期收购了一家在移动领域颇受关注的初创公司。几年后，这家企业的另一位高管向我讲述了那次收购如何以失败告终。老实说，我并不惊讶。需要明确的是，这个故事的寓意，并不是收购公司都是徒劳的，而是许多企业有控制他人的倾向，这与使横向的合作关系发挥作用的基本原理背道而驰，特别是与初创公司的合作。大型企业所采用的战略规划流程，其本质意味着，企业默认初创公司为局外人。

　　尽管许多企业已经开始讨论生态系统和开放创新，但它们的规划流程仍然是为以控制为前提的垂直关系建立的，而不是为了横向关系。即使在企业的规划流程中有探索横向关系的余地，初创公司也相对很难有资格在更广泛的生态系统内与企业建立横向关系，例如共同创新联盟。我研究过的一些初创公司发现，当它们与一家大型企业接洽并提出合作时，大型企业更有可能考虑将它们当作特定的、有时间限制的垂直供应链来合作——例如在某细分市场内提供基于项目的服务，而不是基于其知识产权而将它们当作横向合作伙伴。

　　因此，尽管大型企业正日渐重视生态系统思维，但它们的规划流程和对控制的执着意味着，那些潜在的合作伙伴是"局外人"，还不"适合"参与到自己关于组织跨公司网络或生态系统的方案当中。对于符合其跨公司网络建立标准的参与者，企业更倾向于与其建立自上而下的垂直合作关系，这对于作为潜在合作伙伴的初创公司来讲，是会产生排斥效应的。企业关心的重点在于对创造力的控制。

　　尽管许多企业都发生了巨大的变化，我还是经常遇到极其传统的官僚型企业，其规划流程受到十分严格的控制，以至于它们只与高度相似的组织合作，如果规模上不相似，那就是在企业理念以及严格按要求执行的意愿方面高度相似。在供应链中与合作伙伴建立自上而下的垂直关系并无不妥。然而，为此而排斥与不相似的公司进行横向连结，比如与那些可能提供新颖的信息和想法的初创公司合作，实属错失机会，得不偿失。

　　缺乏灵活性的正式规划流程，不仅降低了企业的风险偏好，还潜在地加剧了一种过度暴露人性的倾向：人们会抵制"非我所创"（not invented here，NIH）的想法和解决方案。我研究过的一家初

创公司似乎发现了这种被大型企业管理者视为局外人的现象，这种
现象在一定程度上来源于企业有一种被威胁的感觉。这家初创公司
在某移动电话软件方面取得了进展，有望解决痛点并成为行业中的
一个新兴趋势，而且它比行业内的大型企业更快地做到了这一点。
然而，拒绝与这家初创公司合作的大型企业，它们表现出了一种如
果同意合作就相当于在自我控诉的态度。也就是说，与这家初创公
司合作将意味着承认自己未能开发出这项技术。

某企业的一位资深管理者向我坦言："这家初创公司有可以为我
们所用的专长，但让它参与进来需要一些技巧，我们得尽量减轻我
们工程师的担忧，因为他们会认为这是本该由他们完成的工作。"

· · ·

总结一下前面的内容。企业与初创公司的合作会形成三个相互
关联的益处：正当性、学习机会和商业机会，而企业和初创公司在
规划上的巨大差异导致了目标不对称，这种不对称性会对获得这三
种益处都产生不利影响。因此，即使有一种模糊的感觉，认为与初
创公司接触将是有用的或有趣的，企业管理者也会很快意识到他们
与创业者之间的巨大差异，进而抗拒与创业者接触，而初创公司亦
会做出相似的回应。

结构不对称

在看过了与规划（目标不对称）有关的三个方面，以及它们如

何阻碍企业认识到与初创公司合作的潜力之后，我们再来讨论一下组织过程中的差异（结构不对称）。一个组织的结构对于如何执行既定策略有很大的影响，因为它引导着组织内部个人之间以及组织内部与外部（例如客户或合作伙伴）之间的信息流动和互动方向。前面讲到，企业倾向于采用严格控制和协调下的正式的、长期的规划流程。基于这种规划流程，大型企业采用一种适合开发（现有资源）的阶层式和竖井式组织结构。与初创公司不同，企业有众多业务单元或部门，层级划分和专业分工都十分明确。这些组织差异反映了企业与初创公司在体量、规模以及年龄方面的不同。因此，即使在一定程度上认识到双赢关系的潜力，也会有其他来源于组织结构差异的问题，阻碍企业和初创公司在正当性、学习机会和商业机会方面获益。

与初创公司缺乏连结

通常情况下，企业和初创公司各行其道，这在一定程度上是由于结构的差异。而这可能会阻碍企业发展出正当性，从而阻碍企业成为初创公司眼中潜在的合作伙伴。

大型老牌企业的结构通常都是僵硬固化的，是竖井式的，其等级制度让人们不断地做更多相同的事情（即做开发而不是做探索）。对外的部门，通常会受销售目标的驱动而与潜在或现有企业客户打交道，或与具有成熟流程的运营合作伙伴来往。在大型企业中，即便是经常与客户和供应商等外部受众积极接触的部门，通常也不会与初创公司接触。在企业对企业（B2B）销售的背景下，大型企业通常与更成熟的机构打交道（哪怕是成熟的中小企业，但通常不会是初创公司），而在企业对消费者（B2C）销售的背景下，与初创公司打交道的想法甚至都不存在。因此，在接触初创公司社区等新受众方面，在没有干预的情况下，企业一直以来都缺乏与初创公司建立联系的渠道。

此外，人们如今虽可能听过黑客马拉松和企业加速器，且这些都可以是企业与初创公司合作的方式（将在第 3 章中讨论），但此类活动常常看起来是不正式的、赶潮流的举动，对帮助企业在初创公司社区中建立正当性几乎没有帮助。这是因为大型企业的正式、官僚和阶层式的组织结构，几乎不允许其与初创公司社区进行有意义的接触。

在我研究的初期，即便是如今大力参与初创公司合作活动的微软，也并没有一个现成的组织结构，能让初创公司顺利采购到微软的软件。许多年前，大多数初创公司在联系微软的经销商（分销商）时，从来都得不到回复，因为它们仅仅是初创公司；这些经销商更喜欢与成熟一点的商业客户打交道，因为它们更稳定、更可靠，能提供经常性收入。

虽然今天微软的情况已大不相同，但在许多传统企业中，这种情况仍然存在。不久前，我在《经济学人》（*The Economist*）组织的早餐会上谈及企业与初创公司的合作。在问答环节，一位来自某著名《财富》美国 100 强公司的资深管理者对我说："我最大的疑惑是，如果想要与初创公司开启对话，我该从哪里开始……我听懂了你讲的关于与初创公司合作的事情，我真的听懂了……但我的第一步应该怎么走？"本书将在第 3 章和第 4 章详细介绍与初创公司合作的流程，但目前的问题是，一般情况下，大型企业的组织结构缺乏自然地与初创公司社区互动的渠道或途径。

"探察小组"的出现是一个例外，一些企业已经设立了这样的部门，将其作为与初创公司接触的情报站和渠道。我发现这一现象在硅谷和以色列这两个地方特别突出。最近，企业此类行动中的一部分被发现和下一章要讨论的与初创公司合作的举措密切相关。但是，直到最近，探察小组也就只存在于刚才提到过的少数几个地方。而且它们也很容易被当作赶潮流的举动，继而无法得到企业总部的重视。

总而言之，大型企业的组织结构意味着其无法与初创公司进行自然互动，因此，在初创公司眼中，企业几乎无法建立起与自己合作的正当性。

无法获得学习机会

即便企业管理者认识到与初创公司合作有产生双赢局面的可能性，但还有一个典型的难题，即由于企业层级化、专门化的组织结构，企业和初创公司无法在彼此内部找到相对应的角色，继而难以充分利用学习成果。

这种问题在两个大型企业合作时很少出现。某企业的市场部副总可以直接在另一个企业中找到与自己对应的角色，也就可以很方便地获得邮件或电话回复。"事情向来如此"：早在 20 世纪 80 年代中期，欧洲工商管理学院（INSEAD）的伊夫·多兹（Yves Doz）教授就如是描述了大型企业与初创公司之间缺乏对应角色的困境。（他当时写的是一个早期的企业风险投资案例。）当然，制药企业与生物技术初创公司的合作不存在这样的困境，它们是例外。但这只是个例，是高度技术性的案例。除此之外，在我开始做这项研究之时，我很难找到企业与初创公司良好合作的例子。

除了企业和初创公司在经营体量和规模上有明显差距之外，还有一部分挑战，来自角色的专业化程度。在大型企业内部，有更多的专家，他们有明确的职责。相比之下，尽管初创公司的员工之间可能会有一些分工，但界限往往不清晰，每个个体通常都要身兼数职，尤其是那些处于关键岗位的人，特别是创业者本人。因此，抛开企业与初创公司在组织架构图上的差异不谈，在这两种类型的组织中，个人的精神状态和责任范围都不同，这可能会让双方都觉得，虽然坐在同一张桌子前，却无法真正地与对应的角色交谈。

这种情况的必然结果是，初创公司在试图主动联系一家大型企业时，往往会受挫，因为事实证明，想要在大型企业中找到"合适"的人交谈，即便有可能，也是很困难的。我已经记不清有多少次，我遇到创业者恼火地向我表达，他们觉得自己浪费了三个月（甚至更多）的时间，在大型企业中打通关系，说服一个有足够权限且具有生态系统思维的人，使其对合作产生兴趣，并且最终推动合作关系发生。有些初创公司能够在企业内部找到一位非常有创业精神的管理者，而且这位管理者有能力并愿意与创业者进行对话，这样的初创公司可以说非常幸运，但这样的情况很罕见，在我研究的早期，更是少之又少。另外，这种情况通常是一次性的，很难在大型企业中的其他管理者身上复制。

这种找不到对应角色的困境，其结果就是，企业与初创公司之间很难形成跨组织关系——这意味着双方共同学习的前景会受到阻碍，因为共同学习的机会并不是唾手可得的。

与生态系统交流的接触点有限

要获得有价值的商业机会（即直接或间接推动收入增长的互利

机会），通常需要企业管理者和初创公司创业者跳出彼此最初接触的层面，与企业生态系统内部或外部的其他实体进行互动。例如，某初创公司的产品可能刚好满足企业内部特定业务部门的需求，或者企业的某个商业伙伴很适合成为该产品的经销商。然而，企业与初创公司在组织结构上的差异，导致类似的商业机会难以出现。

最主要的困难来自大型企业的组织结构大多是竖井式的。一般来说，某个特定业务部门的管理者在某个时间点上，对于其他部门在做些什么，是不大清楚的。因此，一家初创公司并不容易与一家企业的内部或外部单位产生更多的接触点。由于竖井式的组织结构，企业中通常缺乏可以"跨界"的管理者，而这样的管理者可以打通不同部门，使得企业内大范围及其生态系统都能够更好地利用初创公司的产品，实现互利互惠。

因此，我在研究中经常发现，即使一家初创公司能够找到一位感兴趣的企业管理者并与之对话，要想在更广泛的企业网络中获得关注也绝非易事。这并不代表跨界管理者在大型企业中不存在，事实上，他们通常是努力推动改变的内部创业者。然而，这里要着重说明的是，这种情况往往是例外，而不是常态，即使有这样的管理者出现，也通常是出于他们自己的意志。的确，在我研究的早期阶段，我发现有初创公司与大型企业建立了富有成效的合作关系，正是因为某位积极主动的创业者有幸与该企业内部一位具有创业精神的跨界管理者建立了联系，而这位管理者的行为并不是常态。换句话说，与猩猩共舞的成功，不是"由于"大型企业有竖井式组织结构，而是"尽管"企业有这样的结构，但是出现了例外。

企业竖井式结构的最终影响是，即便有初创公司能够成功与企业建立起某种沟通方式，但它不仅会遇到前面讨论过的缺乏对应角色的困难，还会遇到接触点太少的问题，使其后续很难与企业中其他业务部门以及企业更广泛的生态系统中的伙伴进行交流。一位创业者曾经十分受挫地跟我说："问题在于，我们试图与大型合作伙伴一起做一些有意义的事，却发现它们内部许多人和利益相关者彼此之间很少交流……于是，我们要在有限的时间内，凭着对这些企业有限的了解，耗费超级多的精力去跟这些不同的人接触。"由此，我们再一次看到，大型企业中僵硬固化的竖井式结构原本是企业想与初创公司合作的原因之一，却对这两个截然不同的组织之间的顺利交流造成了阻碍。

●●●

企业和初创公司在组织方式上的巨大差异导致了结构不对称，妨碍了双方获得正当性、学习机会和商业机会这三种潜在利益。即使人们认识到了企业与初创公司合作的潜在价值，这两种组织之间的完全脱节，也会降低它们进行有效合作的可行性。

关注点不对称

看过了与组织过程（结构不对称）有关的三个方面，以及它们如何阻碍企业与初创公司合作的机会之后，我们再来了解执行中的差异（关注点不对称），这一点也很重要。管理者们通常会被激励要专注于执行此时此地的任务，这是有道理的，因为有效地利用现有能力可以帮助一家公司创造收入并实现盈利。然而，如果管理层对日常（开发）过度关注而忽略了对未来（探索）的考虑，那么就会出现问题。这正是大型企业在应对颠覆性威胁时要解决的难题之一。相比之下，正如之前提到过的，初创公司往往更关注未来——因而，更注重探索。正是这种差异，给企业与初创公司之间的协作带来问题，而问题来源于管理者所关注的焦点。

对初创公司缺乏信心

除了与初创公司缺乏共性和连结（前面讨论过），企业还可能对初创公司缺乏信心。从大型企业的规划和组织方式来看，其管理者的注意力首先会集中在即时性上，因此他们不太可能密切关注（也就不可能洞察到）他们直接的交换关系之外的潜在合作伙伴。由于这种管理注意力（managerial attention）的分配方式，企业管理者对初创公司往往没有足够的认识，这也阻碍了他们在初创公司社区中建立正当性。

这种认识问题，并不是说企业完全无视"外面的初创公司"，而是一种更微妙的情况——企业不清楚该如何从众多初创公司中辨别出哪些才是值得对话的。也就是说，企业管理者看着"外面"成千上万的初创公司，不确定哪些公司特别值得作为合作伙伴来接触。这些管理者可能会出现在不搭调的初创公司活动上，面对现场大量的初创公司，心中备感困惑。在不熟悉初创公司的情况下，刚开始与初创公司接触的企业管理者最常出现的典型反应是："好家伙，外面真的有这么多初创公司！我该先和谁聊聊呢？"因此，在这种情况下，认识不够主要是指洞察力不够。

虽然一些初创公司可能会发出"信号"，通过展示一些在初期吸引到的投资人或客户来证明自己的潜力，但对于身处结构严密、运转良好的环境中的企业管理者来说，找出哪些初创公司值得自己考虑，仍然是一项挑战。要找出"合适的"初创公司进行接触并不是一件容易的事。缺乏洞察力将会造成很多麻烦，因为残酷的现实是，大多数初创公司都会失败。（就初创公司而言，如前所述，它们有另外一种"缺乏认识"的问题：它们知道外面有哪些大型企业，但由于缺乏现成的对应角色，它们可能很难找到合适的人来谈合作。）

这样一来，专注于即时性又几乎没有与初创公司打过交道的管理者，可能会对与初创公司的接触浅尝辄止，继而对初创公司失去信心，因为他们意识不到究竟该与哪些初创公司交流。这就形成了一个恶性循环，使企业与初创公司朝着相反的方向越走越远，在初创公司社区看来，就算出现过形成合作正当性的可能，也逐渐被扼杀了。

无效学习

另一个阻碍企业与初创公司有效合作，特别是阻碍它们获得学习成果的问题，在于企业管理者投入在初创公司身上的注意力十分稀缺。指出这个现象，并不是在表达对企业管理者的控诉，而更多的是想指出一种数量上的不对称：想要博得大型企业关注的初创公司的数量，比能够给予初创公司关注的企业管理者的数量多了太多。在企业的角度，这是一个一对多的情况，而在初创公司的角度，这是一个多对一的情况。因此，试图与初创公司接触的企业管理者，大多要同时面对一批初创公司，且面临着自己稀缺的管理注意力被太多初创公司合作伙伴过度摊薄的风险。

或者，企业管理者可以尝试将手上众多初创公司按优先顺序排列，以便更好地关注那些最适合成为合作伙伴、技术前景光明的初创公司。然而，做出正确的判断是有难度的，尤其是在管理者未能积累足够的与初创公司打交道的经验之时。的确，我在研究中发现，企业与初创公司的合作中最艰难的挑战之一，就在于如何给予和获得关注。对于最有价值的初创公司，即最有前途、最适合成为合作伙伴的初创公司，若是给予的关注不足，其结果可能是，企业鲜少从这些合作关系中获得学习成果。

若在合作过程中企业无法通过初创公司获得新技术和机会方面的积极成果，对合作双方的士气都会产生破坏性的影响。我曾多次听到企业管理者或创业者在经历了一段令人失望的合作关系后说道："再也不搞什么合作了！"除了直接参与合作的部门之外，这种情绪可能还会在大型企业内部弥散，加剧人们对与初创公司合作的怀疑，并进一步削弱人们对初创公司的信心。

在企业中，与战略规划相关的风险规避的态度，也会在战略执行时发挥出作用。对于一个管理着价值数百万美元品牌的品牌经理来说，除非这所谓的合作双赢是有显而易见的利益的，不然，冒着风险与初创公司合作的想法会让他感到不安，这也是可以理解的。这样一来，即使企业试图克服结构不对称，可能仍然无法说服业务部门（BU）的管理者们与初创公司进行有意义的接触。这些管理者可能会认为，与初创公司合作，往好了说是分散注意力，往坏了说就是一个重大风险。

与生态系统合作的苛刻条件

最后，我们来讨论一个阻碍了新商业机会产生的重要因素，那就是企业管理者投入日常工作职责中的可靠性导向注意力。

与企业在规划流程中强调控制与协调的导向相似，在执行阶段，管理注意力会集中在确保可靠性上面。这种以可靠性为导向的注意力旨在避免出现问题，或在出现问题时及时进行弥补。这意味着，即便管理者在与供应商、买家和其他合作伙伴等外部参与者接触，他们依然会倾向于与熟悉且可靠的公司合作，而这种倾向在企业于更广泛的生态系统中所采取的合作程序上也有所体现，例如企业与市场进入战略相关的和与第三方采购相关的合作程序。

对可靠性的关注能够降低风险，并规避不成熟或未经验证的解决方案，而企业销售团队对初创公司的解决方案进行联合销售所获得的激励，可能并不满足企业对可靠性的要求。企业的采购业务也有一定的规范，倾向于与有良好记录的成熟公司合作，而初创公司的性质决定了它不具备这一要素。初创公司想和自己期待合作的供应商取得联系，通常几乎是不可能的，因为企业管理者的关注点在于确保可靠性，而初创公司被视为执行风险的来源。

所有这些都表明，从本质上讲，初创公司被视为一种风险因素。在与初创公司打交道时，企业通常会有一个主要的担忧：从是否有能力兑现承诺的角度来讲，初创公司是否值得信任，说白了，它们会把事情搞砸吗？而初创公司的一个基本担忧是，大型企业是否值得信赖，它们是否讲究仁义道德，是否会不公平地利用自己，说白了，它们会把我们公司搞砸吗？

因此，就算初创公司与企业进行了一些接触，想要获得来自企业更广泛的生态系统的关注，依然困难重重。企业可能对初创公司的交付能力心存怀疑，从而会使初创公司很难得到企业的业务部门和其他合作伙伴的认真对待。最终导致的结果是，人们的注意力集中在保留可靠的现有产品上，而不是关注有风险的潜在产品。对于这一点，企业管理者最常给我的解释是，他们没有动力去探索。换句话说，管理者只做管理者。这是完全可以理解的，但这并不能帮助大型企业变得更具创业精神。

· · ·

企业和初创公司在执行层面上的巨大差异导致了关注点不对称，妨碍了双方获得正当性、学习机会和商业机会这三种潜在利益，因为对彼此合作的成果不满意，使它们对双方能否以有意义的方式进行合作产生了怀疑。

不对称合作悖论

综上所述，我们所面对的是不对称悖论，它是一把双刃剑：企业和初创公司之间的差异，使双方的合作极具吸引力，却又造成了它们合作过程中的种种困难。一方面，人们认为，企业与初创公司合作是一个双赢的机会。另一方面，现实表明情况更为复杂，企业与初创公司之间的绝对不对称，使得两者很难实现合作。

企业与初创公司在权力方面的巨大差异，使得这一挑战变得更加复杂。这不仅仅意味着两种组织在规模和结构上有所不同，还意味着初创公司与大型企业相比通常处于权力劣势。权力来自对另一方所需的关键资源的占有。在其他条件相同的情况下，由于大型企业拥有更多的资源（包括品牌认知度和声誉），在与初创公司合作方面有更多选择，以及有着更大的行动自由度，相对于初创公司，它们通常被认为拥有权力优势。

　　总而言之，企业与初创公司之间巨大的跨组织差异，既令它们作为合作伙伴相互吸引，也构成了影响它们顺利合作的主要障碍。不同的规模、结构和权力等组织特征造成了组织间的不对称。其结果是，初创公司想要在大型企业中与合适的角色建立联系并不简单。在许多方面，事情最终都可归结于管理者与创业者之间的区别。归根结底，参与一个公司的能力发展过程的，是公司内部的人。管理者（和创业者）的所作所为对于寻找企业和初创公司合作的方式至关重要。

　　与初创公司合作的关键，是找到系统的方法来克服这些截然不同的组织之间的不对称性。我们将在第 3 章中讨论这一点。

如何

02
第二部分

第 3 章

如何系统性地与初创
公司合作

如果企业不与初创公司交流，那它们就有危险
了……企业需要做对的一点，就是合作。

——杰拉尔德·布雷迪（硅谷银行）

● ● ●

"三步走"战略克服不对称性

从理论上来说，与初创公司合作有很多潜在的好
处，一些（或者说许多）企业管理者意识到了这一点，
然而现实中存在一个悖论：企业和初创公司之间的差异，
既是促使双方合作的吸引力，又是它们合作过程中的障
碍。也就是说，大型企业和小初创公司的合作是可取
的，但同时也是困难的。问题的症结在于大型企业和初
创公司之间在目标、结构和关注点方面的绝对不对称。

总的来说，企业和初创公司在组织文化与权力方面存在差异，这些差异共同导致了三种不对称性，阻碍了合作的顺利开展。

前面已经讲过，微软等大型企业曾经不得不付出巨大的努力，弄清楚哪些合作方式行得通，哪些行不通。所有这些认真对待与初创公司合作的企业，其共同之处在于拥有一种协作性思维。有协作性思维的管理者能够做到三件重要的事情：他们以积极主动、独具慧眼和深思熟虑的方式，撬动关系网络。

积极主动地撬动关系网络，指的是主动出击，与他人建立联系。积极主动的管理者不会因为组织间的不对称性望而却步。这一点在第 1 章中提到的那些内部创业者身上体现得淋漓尽致，他们会将自己所在的企业介绍给组织边界之外的创业者。他们可能更倾向于想方设法来克服与初创公司之间的不对称性。

独具慧眼地撬动关系网络，是因为他们能够认识到，不同的网络内部合作伙伴会对不同的事情带来帮助。这种洞察力的一个重要表现在于，他们有能力认识到，与不同参与者建立伙伴关系所能带来的机会和挑战分别是什么。与我们有差异的合作伙伴很有可能在信息、想法和机会方面为我们提供宝贵的新颖性。而与此同时，与不同的人建立信任可能是一项艰巨的工作。能够细致入微地察觉到不同类型合作者之间差别的管理者，可以看出数字初创公司相对于其他类型的合作伙伴具有明显的优势。因此，虽然许多企业在与其他大型企业合作方面已经驾轻就熟，但那些看到了与初创公司合作的价值，并能独具慧眼地撬动关系网络的企业同时也会意识到，自己不能因循守旧，按照与其他大型企业打交道的方式（这是很多管理者的舒适区）去应对初创公司。它们意识到，了解与初创公司合作的独特流程是有必要的。

深思熟虑地撬动关系网络，是由于企业充分认识到了合作者能带来重要的学习机会，例如在创新和商业模式改革等方面。对于想要加强数字能力的传统企业来说是如此，对于那些把初创公司纳入自己庞大的合作伙伴网络当中，为此付出努力并收获宝贵学习成果的数字企业，亦是如此。那些认真对待与初创公司的合作，而不仅是耍嘴皮子的企业，之所以认为自己有必要努力克服前面所讲的三种不对称，最重要的原因大概也是这一点。

总而言之，当一家企业做好准备面向协作时，它更可能会想方设法地克服与初创公司的不对称，而不是放弃这令人兴奋但具有挑战性的、与迥然不同的组织合作的机会。那么，解决不对称问题的方法究竟是什么呢？我的研究结论是一个"三阶段"的过程（见图3-1）。

1. 阐明协同作用，以克服目标不对称。

2. 搭建交流平台，以克服结构不对称。

3. 培养典型范例，以克服关注点不对称。

本章将依次讨论每个过程。

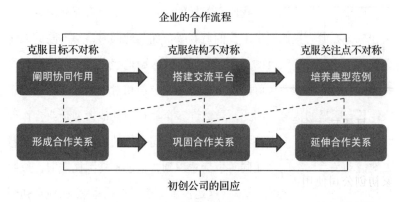

图 3-1　企业与初创公司合作中的协同作用—交流平台—典型范例框架

阐明协同作用

　　首先要做的，是明确"双赢"的本质，人们经常把这个词挂在嘴边，对其定义却不甚明确。也就是说，尽管我们知道企业与初创公司具有充分利用彼此能力上的互补性的潜力，但能够更加明确地阐述这到底意味着什么也很重要。简单来说，在广泛的层面上，有两种协同作用值得思考（见表 3-1）。

　　1. 基于技术组成部分的协同作用（初创公司与企业联合销售）。

　　2. 基于痛点的协同作用（初创公司向企业进行销售）。

表 3-1　企业与初创公司合作中基于技术组成部分和痛点的协同作用

	技术组成部分	痛点
关注点	使用企业的底层技术开发新软件产品	为企业提供数字化解决方案来解决问题、改进流程或开发新机会
双赢的性质	初创公司与企业联合销售： 　一般采用收入共享模式——对于大型企业来说（初创公司每售出一份软件使用许可，就相当于售出一份企业的底层技术使用许可）	初创公司向企业进行销售： 高度专注的解决方案，为企业带来直接价值 有助于更好地证明与初创公司接触是值得的
案例	Microsoft Azure、SharePoint、NET、SAP HANA、IBM 云、AWS 云服务	联合利华——数字营销 宝马——驾驶体验 拜耳——数字健康 瑞士再保险（SwissRe）——金融科技

基于技术组成部分的协同作用

　　第一种协同作用是基于技术组成部分的协同作用，指的是当一家初创公司使用大型企业的技术组成部分——通常是某种底层技术来开发自己的产品（比如新的软件应用程序）时，所出现的双赢结果。像微软和 SAP 这样的企业积极与初创公司合作的动力，最初都来自希望利用与合作伙伴之间基于技术组成部分的协同作用。这种协同作用的原理很简单：归根结底就是收入共享。从大型企业的角度来看，它的底层技术与初创公司所开发的产品捆绑在一起，每当初创公司产生销售收入时，它也获得了一份收入。从初创公司的角度来看，当大型企业参与进来，就会增加品牌认知度，增强营销实力。因此，最终的结果是获得"联合销售"的机会，这几乎是大型企业的销售团队可以为初创公司合作伙伴提供的最好的、符合双方利益的机会。

基于痛点的协同作用

另一种协同作用是基于痛点的协同作用。也就是指，大型企业自己缺乏处理某些问题的专业能力，因而期待利用数字初创公司的专长来解决自己的痛点。举例来说，在联合利华，一位家乐品牌（Knorr）南非市场的管理者希望找到一种方法给消费者提供使用家乐牌产品的食谱；一家数字初创公司合作伙伴则开发出了一种基于短信的解决方案，即使在智能手机普及率较低的市场中也能应用。许多传统行业中的企业与外部初创公司以这种方式合作的动机应该是很明确的。这种协同作用的最终结果是，初创公司有机会将这项技术"销售给"企业，企业成为该技术的早期使用者，同时初创公司获得一个有价值的新客户。这种合作逻辑有一个生动的例证，即宝马与初创公司的合作，宝马将它们基于痛点的协同作用称为"风险客户"（venture client）模式，即大型企业成为初创公司或项目的客户。

尽管目前科技企业（追求基于技术组成部分的协同作用）与非科技企业或更传统的企业（追求基于痛点的协同作用）之间存在分歧，但随着时间的推移，这种区别很可能会变得模糊。实际上，已经有一些例子表明，科技企业发现为自己的痛点寻找解决方案是有用的，例如，一家生产手机零部件的跨国企业联系了一家初创公司，希望能够利用其在低端手机领域的专业知识，因为企业内部难以开发这类手机。而且，微软 CEO 萨提亚·纳德拉也曾指出，在加速数字化转型的时代，随着传统公司的运营与软件公司越来越相似，它们可能也需要追求基于技术组成部分的协同作用。

总而言之，企业与初创公司之间存在着明显的协同作用，该协同作用是建立在核心技术上的，而不单是因为初创公司提供了企业欠缺的数字技术，且随着双方对这些协同作用的了解更加深入，表 2-1 中强调的问题（例如与初创公司缺乏共性、不兼容的学习风格、加入生态系统的限制性标准等）所造成的阻力便会开始减弱，因为所谓的双赢的本质已清晰地显露出来。

在数字时代如何对协同作用进行微调

企业希望通过与初创公司的合作追求协同作用，而为了明确和微调协同作用的具体性质，企业必须注意以下三点。

协同作用与企业自身的数字战略是否统一？ 一个企业，无论是传统的还是数字原生的，都有着越来越与软件相关的、数字化的一面。人工智能、云计算、物联网及相关技术的兴起，极速推动了这一转变。

科技企业无疑已经受到了数字崛起的影响。以微软为例，数字崛起的影响是深远的，云计算已成为该企业整体战略的核心部分。向包括初创公司在内的独立软件供应商（ISV）推广其云服务 Azure，业已成为微软内部负责与初创公司接触的开发者与平台体验部门（DPE）的关注重点。换句话说，该企业的技术组成部分已经从根本上受到了云计算的影响，这一点必须纳入与初创公司的合作计划当中。

从传统企业的角度来看，许多传统企业也觉得自己是日益数字化的企业，并且随着云计算的兴起，这一数字化进程也变得更加迅速。微软 CEO 萨提亚·纳德拉经常说："每家公司现在都是软件公司了。"这个说法与福特前 CEO 马克·菲尔兹对此现象的评价不谋而合，他曾说道："你知道的，很早以前，在我刚加入这家公司的时候，我们是一家制造企业。在我们不断前进的过程中，我希望人们能将我们看作一家制造企业、一家科技企业以及一家信息企业……这正是我们前进的方向。"因此，在与初创公司合作时，关注与数字相关的痛点是有重要意义的。

就初创公司而言，它们则是受到了此类发展的深刻影响。云计算经济特别适合资源受限的初创公司。通过使用基于现收现付模式的云服务，初创公司无须投入配置计算基础设施的高昂固定成本，大大节省了 IT 支出。事实上，云计算是 20 世纪 10 年代全球数字化初创公司激增的主要原因之一。领英（LinkedIn）CEO 杰夫·韦纳（Jeff Weiner）用一句话切中要害："（云计算）使任何地方的任何人比以往任何时候都更容易成为创业者，且投入更少，并能获得所有最好的创新所需的基础设施。"

总而言之，（企业与初创公司合作中所追求的）协同作用与企业的数字化战略必须密切相关。

企业关注的是哪个战略层面？根据麦肯锡提出的理论，企业战略制定分三个层面：第一个层面是企业现有业务，第二个层面是企业正在进行的转型，第三个层面是未来的或刚出现的新业务。协同作用的时间框架可能会随着这三个层面而有所不同。

越是注重第一个层面，企业所追求的协同作用就越有可能与渐进式创新（incremental innovation）联系在一起。而对第三个层面的关注越多，企业就越有可能追求突破性创新（radical innovation）。注重不同的层面意味着，企业在将要接触或合作的初创公司类型、所需的合作持续时间以及将要投入的资源方面，都是截然不同的，这些决定都将深刻影响合作交流平台的搭建，也就是合作流程的下一步。

我的研究中有许多例子都与第一或第二个层面有关。例如，当联合利华寻找初创公司来解决其提高数字营销能力的痛点时，其关注点可以说是在第一个层面，而当宝马寻找初创公司来改善其自动驾驶技术或网络安全时，其关注点很可能是在第二（或第三）个层面。

与初创公司的合作在任何一种情况下都是有效果的；重点在于要明确（关注的层面），尤其是要让初创公司清楚地知道，企业在寻求双赢合作方面的期望是什么。

明确战略层面还有助于确保内部参与者对当前的议程理解一致。如果一名实际负责与初创公司合作计划的中层管理者在所追求的战略层面方面与高级或最高层管理者意见不一，那么所有相关人员都可能会遭遇挫败。其中一方可能会在第一个层面上寻求渐进式创新，而其他人如果对处在第三个层面的突破性创新更感兴趣，便会认为创新力度不够。

与基于第三个层面的初创公司合作大多包含一定程度的股权投

资，因此可能更适合企业风险投资部门（而不是我们主要探讨的企业中以非股权投资方式与初创公司合作的部门）来操作，它们会依据初创公司的技术在未来可能对企业产生的影响，对更有前途的初创公司进行小额投注（投资）。事实上，当发现某家非常有前途的初创公司的产品或商业模式能改变未来业务增长前景时，企业很可能会完全收购这家初创公司，并在此基础上创建一条新的业务线。

当然，三种不同战略层面通过有机组合是可以同时存在的，并且可以在企业与初创公司合作的过程中实现，但是同样，关键在于要让参与合作的各方都明确地认识到这一点，无论是内部还是外部参与者。

（所追求的协同作用）是否具有另一种协同作用的元素？ 某些协同作用同时具有基于技术组成部分和基于痛点的特点，这完全是有可能的。

一个主要基于技术组成部分的协同作用可能也可以解决痛点。例如，高通（Qualcomm）曾与印度班加罗尔的一家名为芒果（Mango）的初创公司密切合作，该公司当时正在为发展中国家农村地区普遍使用的低端手机开发一款补充软件。在与高通合作时，芒果显然必须使用其大型合作伙伴的技术组成部分，以使自己提供的产品与高通的产品兼容。然而，这次合作还有一个益处，高通在低端手机领域一直以来进展缓慢，与芒果的合作正是解决这一痛点的机会。言下之意是，高通部署了大量资源来推动这次合作的成功，我估计其投入的比一般情况下一个基于技术组成部分的"标准"合作方案要多得多。

一个主要以解决痛点为导向的协同作用也可能涉及基于技术组成部分的元素。随着传统企业变得越来越以软件为中心，在某些情况下，它们可能还会要求那些正在解决它们的痛点（比如网络安全）

的初创公司，也对它们的技术组成部分加以利用，以确保初创公司的产品或解决方案与它们自己的产品或解决方案无缝兼容。例如，一些传统企业已经与微软或 SAP 等大型 IT 供应商有了密切合作，在这种情况下，那些想要为传统企业解决痛点的初创公司，如果也能够使用相同供应商的技术组成部分，才最有可能为企业提供切实的帮助。这意味着，单纯让初创公司解决大型企业的痛点，大型企业可能也不得不在技术问题上为初创公司提供更多操作性指导或指引。

尽管如此，基于技术组成部分的协同作用（与企业联合销售）与基于痛点的协同作用（向企业进行销售）之间的区别，还是为合作双方提供了一种重要的思考方式，思考两种协同作用同时存在时，应该追求哪种双赢（即哪种销售模式）。因此，弄清楚协同作用的主要性质是有必要的。只有弄清楚了这一点，才能让事情变得相对简单和清楚，在很大程度上可以使前进的方向更明确。

搭建交流平台

一旦明确了要追求的协同作用，下一步就是搭建一个交流平台——这是希望与大型企业接触的初创公司在合作之旅中的第一个停靠点。现如今，虽然许多企业确实有初创公司合作项目，也取得了各不相同的成果，但是，仍然有许多企业还没有这样的计划。（本书主要是为它们而写。）

如果没有一个有效的平台（比如一个清晰可见的初创公司合作计划），初创公司很可能会在与企业接触中四处碰壁，将宝贵的时间浪费在寻找适合接触的部门和决策者上。一个有效的平台可以帮助初创公司在大型企业这片辽阔的海洋中航行。这样的平台部门的管理者的 KPI 通常和与初创公司交流的成果直接相关，他们的职务名称中甚至会出现"初创"这个词，例如"初创公司联络部总监"。

总的来说，我在研究中发现了两种类型的交流平台。

1. 班级式（cohorts）：在一段时间内让多家初创公司聚在同一地点共同参与一个有组织的项目。

2. 漏斗式（funnels）：包含一种为了共同的机会而产生的内在竞争，不让初创公司聚在一起。

班级式初创公司交流平台

每个班级会参与一个有时间限制的项目，通常为期几个月，这个项目将一批初创公司聚集在同一个地点，共同完成既定的"课程"，直至它们能够"毕业"。尤其是企业加速器的兴起，使人们将目光聚焦在了这种班级式的交流平台上。这类项目每期通常为三到四个月，其间会将一批初创公司（比如 8～12 家）聚集在一起，为它们提供一套课程式的资源投入，帮助它们"加速"获得将产品推向市场的能力。与此同时，项目通常会配合大量的指导支持；曾与许多企业合作建立加速器的 Techstars，将这一阶段称为"疯狂指导"。在项目中，初创公司有机会与企业中不同的管理者接触，其中一些管理者会担任导师或主题专家，而在企业与初创公司的讨论过程中，有时可能会出现前所未有的项目合作机会。

漏斗式初创公司交流平台

在漏斗式平台中，不同初创公司要竞争有限的合作机会，这个机会的最终形式可能是一个旨在解决企业痛点的试点项目，或是给某种基于企业技术组成部分开发出的解决方案赢得上市机会。通常情况下，竞争这些合作机会的初创公司之间几乎不会有交集；竞争分为几个连续的阶段，每个阶段都会有公司被淘汰。宝马初创车库计划就是漏斗式平台的一个好例子。该计划的联合创始人之一格雷戈尔·吉米称这是一种"风险客户模式"，他一直坚信，大型企业利用外部创新的最佳方式之一就是成为一家初创公司的客户（因此有了"风险客户"一说）。这一案例被欧洲工商管理学院当作教学案例，还被各种著作引用，流传甚广，也得到了广泛的认同。另一个著名的漏斗式初创公司合作计划是联合利华创想＋，该项目允许初创公司根据联合利华品牌经理发布的特定需求，向企业推介自己相应的解决方案，它成了伦敦商学院的教学案例。

　　班级式和漏斗式平台之间的区别，类似于就读 MBA 项目（或其他正式的在校学习项目）和毕业后找工作之间的区别。申请进入一个 MBA 项目（班级）通常竞争非常激烈，但是一旦申请成功，除非出现非常意外的情况，否则每个开始项目学习的人都能完成课程，而这个过程中一个重要的部分，就是在项目期间与同校的同学相互交流的经历。班级式的初创公司交流项目在本质上也是一样的，尽管时间短一些（比如只有三或四个月）。相比之下，在随后漏斗式的求职过程中，出现在漏斗另一端（即获得一份工作）的人数要比刚开始求职的少得多。而且，一个人可能对于竞争同一职位的其他人完全不了解，也不会有任何互动。这与企业组织创新竞赛计划，逐步筛选初创公司，直到找到想要合作的公司的过程十分相似。

　　当然，班级式和漏斗式平台是可以相结合的。例如，在进入班级式交流项目之前，通常会有严格的筛选过程（漏斗式）。同样，在主体为漏斗式的项目的后期，也可以将筛选出来的初创公司聚在一起，以新兵训练营或合作伙伴聚会等形式，给它们一次班级式的体验。然而，在我的研究中，我发现通常初创公司交流平台只会明确采用某一种平台类型。选择不同类型平台而演变出的情况是截然不同的。显然，就班级式平台项目而言，各个初创公司创始人之间的互动，以及与导师和各种企业管理者的交流机会，是项目过程的关键所在。这种类型的平台可能会产生意想不到的结果。相比之下，在漏斗式平台的设置中，重点非常明显是可交付成果，例如提供针对痛点的解决方案或对使用企业技术组成部分的解决方案进行联合销售。这种类型的平台可能是有效的，但在这种类型的平台下，不会出现意料之外的发现，它也扼杀了形成联盟的机会，例如，或许两家初创公司本可以汇集资源，以一种意想不到的方式与企业合作。

因此，每种交流平台有不同的用途：班级式平台可能会带来意外之喜，而漏斗式平台的优点是保障更高的可预测性。通过试验、头脑风暴和不经意间的互动，班级中的创业者可能会发现以前从未考虑过的机会。相反地，通过提供切实、预先设定的目标结果，漏斗式平台可以非常高效。因此，在班级式和漏斗式平台之间做选择的一个依据，是企业的紧迫性和对模糊性的接受程度。漏斗式平台可以提供更快的可预测结果，而班级式平台可能会产生意想不到的（但较慢的）结果。

值得一提的是，那些全心全意致力于与初创公司合作并希望进行大规模合作的企业，可以考虑将班级式和漏斗式的交流平台结合起来。这样一来，如果条件允许，同一家企业可以同时运营一个班级式的平台，比如加速器（在某个地区或为满足特定需求），以及一个漏斗式的平台，比如为企业征集和筛选特定的初创公司解决方案的项目。

交流平台的四种类型

将我们前面讨论过的两种协同作用（技术组成部分和痛点）与两种交流平台（班级式和漏斗式）相结合，可以形成四种不同类型的交流平台（见表 3-2）。

表 3-2　企业与初创公司合作的交流平台类型

	班级式	漏斗式
基于技术组成部分 （通常为 IT 企业）	一般形式： • 让一个班级的初创公司在一段时间内集合在一起 • 与同行和导师交流互动 • 将允许使用企业技术组成部分作为激励手段 关键优势：可能会出现意想不到的机会和意外之喜 案例：微软加速器（后期成为 ScaleUp）计划	一般形式： • 使用企业的技术组成部分对初创公司进行逐步筛选 • 企业生态系统通常可提供上市支持 关键优势：实实在在、可预见的合作成果 案例：SAP 的初创公司激励计划 Startup Focus（后期与 SAP PartnerEdge 合并）
基于痛点 （通常为非 IT 企业）	一般形式： • 以班级为单位让初创公司在一段时间内集合在一起 • 与同行和导师交流互动 • 企业从初创公司的数字能力当中学习的机会 关键优势：意外之喜和与同行之间的学习，增加了新机会出现的概率 案例：拜耳 Grant4Apps（G4A）计划	一般形式： • 初创公司有机会解决企业真实存在的痛点 • 采用竞争激烈的阶段性关卡流程 关键优势：生成有针对性的解决方案，证明与初创公司的合作是合理的 案例：宝马初创车库

基于技术组成部分的班级式平台最具代表性的例子就是微软加速器计划，此计划后来被并入了更宽泛的 Microsoft for Startups 计划。如前所述，微软在班加罗尔、北京、柏林、伦敦、巴黎、西雅图、上海、悉尼和特拉维夫等多个地点设有加速器。每次有来自十几家初创公司的学员组成一个班级，接受为期四个月的加速服务。

在此期间，他们将学习创业课程，与导师讨论他们的商业计划，并与企业管理者互动。拜耳的 G4A 加速器计划则是基于痛点的班级式平台的一个例子，通过这个计划，拜耳可以与开发医疗保健相关技术的数字初创公司进行交流。该计划会邀请一小批初创公司到柏林，在拜耳的园区接受为期 100 天的加速服务。随着时间的推移，该计划已经吸引了来自亚洲、欧洲和非洲的众多初创公司。

　　一个基于技术组成部分的漏斗式平台的例子是 SAP 曾经的初创公司激励计划 Startup Focus。SAP 是与《财富》500 强企业打交道的专家，但它过去与初创公司打交道的机会相对较少。通过引入这一计划，SAP 能够与有潜力的初创公司接触，让它们在 SAP 的平台技术（如 HANA）上开发新的应用程序。这样一来，SAP 就可以在其企业用户中为此类新产品寻求支持。该计划由加利福尼亚州帕洛阿尔托的一个团队管理，为选定的初创公司提供技术支持，帮助它们开发出以企业用户为中心的解决方案。更具吸引力的事情是，对于一部分初创公司来说，当其解决方案通过验证（这是漏斗过程中的一个阶段性关卡），它们将获得上市支持。宝马初创车库就是一个基于痛点的漏斗式平台的例子。通过这一计划，宝马为初创公司提供了成为其早期风险客户的机会。也就是说，平台会使用一种阶段性关卡流程，对初创公司的技术质量和战略匹配度进行漏斗式筛选，最后留下的一小部分初创公司将成为宝马在特定项目上的供应商。

　　当然，平台中的管理者还需要确保做好进一步的工作，那就是帮初创公司指明在企业内部的对接方向，与相关业务部门的管理者建立联系（例如联合利华的品牌经理或宝马的创新部门经理），因为这些人拥有实现有意义的共同行动所必要的权限和资源。仅仅有一个交流平台并不意味着在企业内部实现跨界很容易，不过，给平台管理者分配任务，激励他们支持企业与初创公司合作，肯定会增加跨界情况发生的可能性。通过这种方式，解决表 2-1 中所指出的问题（与初创公司缺乏连结、无法获得学习机会、与生态系统交流的接触点有限等）就不在话下了。

交流平台搭建设计的决定因素

企业在设计交流平台时，需要至少确定以下三个方面：

1. 平台的目标受众是谁？

2. 合作计划的时长是多久？

3. 谁是交流平台的所有者？

平台的目标受众是谁？ 企业需要做出的重要决策之一，就是明确自己希望吸引什么类型的初创公司。

企业可以参考多种标准来回答这个问题。对于某些行业来说，专业知识水平可能非常重要。例如，我研究过的一些制药企业大多对医疗科技类初创公司感兴趣，即对医疗行业有深刻了解并拥有强大数字能力的初创公司，这些公司知道如何利用这些能力在特定的医疗保健领域创造价值。不过，其他企业可能会刻意放宽条件以欢迎初创公司加入，以期接触不同领域的专业知识。我总结了一条具有普遍性的规律（当然绝不是硬性规则），即拥有班级式交流平台的企业对行业领域专业知识的要求更宽松，而漏斗式的平台往往更集中地专注于一个或几个行业领域。

除了专业领域之外，还要考虑另一个更基本的因素，即究竟是与处于早期阶段的还是更成熟的初创公司合作。很明显，这需要权衡。早期初创公司通常指刚运营几个月并使用种子资金的公司，与它们合作的优势是有更大的空间来塑造初创公司的经营重点，使其与大型企业的战略需求和优先级保持一致。一位偏爱早期初创公司的高管是这样说的："我希望在《公司》（*Inc.*）杂志报道这些有前途的初创公司之前，自己能够先见到它们。"不过，其他人大多更愿意与较成熟的初创公司合作，以增加获得可行解决方案的概率，并期待初创公司在一到两年后能够根据需要提供支持服务。

事实上，一些企业已经明显地将其合作的重点从早期初创公司转移到了后期初创公司。微软就是一个很好的例子。当微软在 2012 年推出加速器计划时，其重点是早期初创公司。然而，不到五年，它的重点就转向了更成熟的初创公司。这在一定程度上是因为，在世界各地的许多生态系统中有众多"常规"加速器，可以为早期初创公司提供很好的支持，而微软认为自己更适合支持较成熟的、拥有强大解决方案和产品的初创公司。到了 2018 年，微软加速器计划被归入新成立的" Microsoft for Startups"整体计划，并更名为微软 ScaleUp 计划，以强调其帮助成熟初创公司发展壮大的新重点。另一个相关的问题是，应该同时与多少家初创公司并行合作；据我观察，许多企业加速器通常会选择 8～12 家初创公司。

合作计划的时长是多久？ 另一个要考虑的问题，就是与初创公司互动交流的计划所需要的时长。据我观察，企业通常会通过反复试验来衡量开展计划的最佳时长。班级式平台由于自身的特性，会对计划的时长做一个明确的定义，尤其是在企业加速器中。这是因为班级式计划通常有开始和结束的日期，且通常在每个节点都有一个活动——开始时是发布会或开学典礼，结束时则是成果展示日或毕业典礼。

根据我的观察，一般加速器计划的时长是 3～6 个月。在某些情况下会更短一些（比如 8 周），而在另一些情况中会长达 9 个月。处在这个区间上限的一个例子，就是由西班牙电信巨头 Telefonica 创建的企业加速器 Wayra。Wayra 前英国负责人加里·斯图尔特（Gary Stewart）解释说，由于他们强调业务发展，因此，给初创公司更长的期限是很重要的，最常见的加速器时长是三个月，而这个时间通常不足以拿下一份业务合约。他们延长计划时长的理由，是希望给予初创公司更多的时间在这家大型企业中探索，了解这家企业，并深入各个业务部门，争取创造出令双方获益的机会。不过，我发现更典型的情况是，企业加速器一般采用为期 12～16 周的计划，分为三个阶段：探索可能性、明确机会、执行并准备成果展示。

获得顶尖企业加速器的入选资格通常很不容易，有些人甚至开玩笑说，它比进入哈佛大学还难，但对于入选的初创公司来说，平台所提供的资源是给整个班级的，这样的设置使得同行之间的交流互动变得很重要。毫无疑问，企业加速器计划中导师的选择是关键，无论是内部导师还是外部导师。内部导师在帮助初创公司于企业内部寻得有价值的机会方面至关重要，而外部导师（例如相关领域的专家或连续创业者）可以提供宝贵的意见，以对初创公司的决策进行验证或质疑（抑或两者兼有，这很常见）。另外，关于产品市场契合度和产品上市销售等主题的基于需求的研讨会可能也大有益处，尤其是当此类活动是班级中初创公司的特定需求量身定制的时候。

而漏斗式平台，虽然其起点和终点可能不那么精确，但弄清楚大致的计划时长还是很重要的。我对漏斗式合作计划的观察是，大多数情况下，这些计划也会分配 3~6 个月的时间，用于寻找和筛选针对特定痛点的潜在解决方案提供商。在一些情况下，平台可以为实际解决方案的交付规定一个严格的时间表。例如 Omega 8 平台就要求选定的初创公司在 60 天内提交概念验证（PoC）项目。

此外，也会有持续几天的短期"冲刺"项目——在某些情况下，甚至是周末活动或持续大约一周的计划。周末活动可能会采取类似"黑客马拉松"的形式。而为期一周的活动，如谷歌 LaunchPad，可以为初创公司提供一个浓缩的"体验版"合作计划或新兵训练营。这类短期的活动有助于企业物色将来可与之进行较长时间合作（比如 3~6 个月）的初创公司。

明确合作计划时长的重要性，在于以下几个方面。首先，这有助于企业估算其需要投入的财务资源。其次，它明确了参与计划的初创公司所需要投入的时间。再次，它涉及计划的课程内容规划。最后，它影响企业内部和外部的导师对这一计划的参与方式和程度。

谁是交流平台的所有者？企业内部谁是平台的最终负责人，是一项具有潜在政治和实际影响的重大决定。这涉及一个重要决策，即是否由一个指定的团队来管理平台。许多认真对待与初创公司合作事宜的企业确实会指定一个团队。然而，随之而来的问题是，这个团队的负责人向谁汇报？平台所需的预算由哪个部门负责？

在成立初期，日产豪华车品牌的初创公司合作部门英菲尼迪实验室的资金来自其全球品牌营销预算。相比之下，宝马初创车库则是通过研发预算提供资金的。意料之中的是，起初当我与各个项目的创始人交谈时，他们的言辞和重点有很大不同，英菲尼迪的目标更加分散，而宝马的目标更加具体。（这或许也反映了平台类型之间的区别——英菲尼迪的平台是班级式的，而宝马是漏斗式的。)

　　同样重要的是要了解，随着时间的推移，企业与初创公司合作交流平台的所有权可能会易手，即平台最终可能会交由其他主体部门负责。在传统企业中，有越来越多企业组建了监督数字化转型的部门，而且似乎有一种趋势——至少在我研究过的企业中，有许多企业就是将初创公司合作部门转移到这样的部门之下。在企业最高领导层认真对待数字化转型之时，这显得十分合理。然而这样一来，一直以来推动与初创公司合作的内部创业者，可能仍然需要不断努力才能确保他们的工作始终被关注，合作交流平台始终能够被视为真正的价值创造来源而不仅仅是创新秀场。

　　最后一点，平台的负责人无须凡事都亲力亲为。如后面第 4 章中即将阐述的，第三方专业中介机构可以帮助企业和初创公司进行对接。在一些情况下，它们可以承担平台的大部分管理工作，而在其他情况下，它们可能只负责合作过程的特定方面，例如挖掘创新型初创公司。

培养典型范例

　　我在研究中发现，区分那些在与初创公司的合作方面效率很高的企业和不怎么有成效的企业，其中一个主要因素就是看它们是否善于培养成功故事或典型范例。如果合作中的协同作用是基于技术组成部分的，那么被展示的典型范例就是高效利用大型企业的平台技术且成功实现了（产品）联合进入市场的合作案例。如果合作中的协同作用是基于痛点的，那么被展示的典型范例就是能够成功解

决企业的某些问题且该解决方案已经顺利进入试运行的案例。通过
这种方式，企业可以证明与初创公司的合作过程的确是可行的，同
时也为如何改进合作提供了线索。最重要的是，通过典型范例，其
他企业可以了解到，在它们特定的背景下，能取得什么样的成功；
典型范例还为企业确定合作优先级提供了一个参考基础，将管理层
的注意力引导到那些能够产生相互助益的成果的初创公司和合作伙
伴身上。

　　典型范例可以有多种类型（见表 3-3）。在某些情况下，企业和
初创公司之间的合作是一次性的，而且持续时间相对较短，然而若
有十分明确的双赢结果，它们仍然是值得被展示的。

表 3-3　企业与初创公司合作的典型范例类型

	一次性合作	重复性合作
时间相对较短	"速战速决"，对获得其他初创公司和内部利益相关者的支持非常有用	当与初创公司的合作关乎某个需求迫切的战略优先领域时，可能会出现
时间相对较长	较可能出现在合作领域（合作的内容或所处地域）相对较新的时候	最优秀的范例最终会成为展示最多的、最引人注目的成功故事

　　有一次，我出席了一个活动，同时出席的还有某知名西方跨国
制药企业的三家东亚子公司的代表——中国、日本和韩国子公司的
管理者。活动上，我了解到一个典型范例，它是某次短暂的一次性
合作的成果。当时，这位来自韩国的代表几乎将分配给他的全部时
间都用来描述这一次与初创公司的合作。该企业曾在首尔一个一次
性的加速器项目中，与这家正在风口浪尖的韩国初创公司进行了一
系列紧密的合作活动。该企业的韩国团队十分努力地促成这家初创

公司与它们企业内部的同事进行交流。这对该团队来说特别重要，因为他们当时还处于与初创公司合作的早期阶段，这是他们取得的第一次成功。

在另一种情况下，一段合作关系可能会逐渐发展出多个接触点，并能在较长时间内持续合作。事实上，在某些时候，这些初创公司可能会成为高潜质的投资或收购对象。正如我之前提到的，在我研究的早期，我偶然了解到一家总部位于班加罗尔的名为 Skelta 的公司，该公司不仅在印度与微软成功合作，还将合作拓展到美国和其他多个市场。Skelta 显然赢得了很多关注，最初是来自微软印度子公司的，最终是来自微软全球总部的。我发现使用范例在微软是一种常见的模式。在微软的 BizSpark One Summit 峰会上，某些初创公司明显地被作为范例展示。在花了一整天的时间观察那次活动之后，我得出了这样的观点：从大型企业的角度来看，初创公司应该具备"可展示性"（showcaseability）——如果世上还没有这个词，那它应该被创造出来！在当时，微软的挑战是如何吸引高质量的初创公司与其合作，因为那时候微软在硅谷并不够"酷"。即使在今天，微软仍在不遗余力地宣扬自己的成功故事。

此外，还可能会出现其他情况，例如相对长期的一次性合作或在短时间内重复但快速的接触，如表 3-3 所示。关键是，负责合作交流平台的管理者应该不断找机会培养这些范例，因为它们不仅增强了企业与初创公司合作工作的外部可信度，也增强了最重要的内部可信度。此外，同样重要的是，通过范例去反思什么管用、什么不管用，包括反思双赢伙伴关系的不同建立方式上的细微差别，将帮助企业更好地判断应该把有限的管理注意力更多地集中在哪些初创公司身上。这个重要的学习过程，有助于企业解决与初创公司合作中关注点不对称的问题。

及早培养典型范例对企业有两个层面的帮助：

1. 消除外部受众对于企业与初创公司合作想法的怀疑。

2. 消除内部利益相关者对于企业与初创公司合作想法的怀疑。

外部验证。在外部受众尤其是创业生态系统眼中，拥有成功案例可以证实企业与初创公司合作的意图和能力。就像学校会为吸引高质量申请者而突出展示成功校友一样，企业展示范例是赢得潜在合作伙伴芳心的重要方式。这一点尤其重要，因为随着与初创公司合作成为主流，企业大多在为接近同一批创业人才而竞争。在宣布一项新合作计划时，如果企业有成功案例可以借鉴，就能够更容易地解决一些初创公司的疑问，消除它们的焦虑。尽管现如今与初创公司合作在许多行业已经是一个公认的现实，但仍有一些初创公司可能会担心在与猩猩共舞时被"踩扁"。与初创公司合作的成功案例可以缓解这种担忧，并帮助相关企业建立可靠合作伙伴的"街头信誉"。

内部验证。同时，有成功案例更重要的好处在于，它可以解决初创公司合作业务团队在企业内部可能会遇到的质疑。显然，无论班级式还是漏斗式，初创公司交流平台只有在合作真实存在的情况下（即形成联合销售或向企业销售的成果），才能帮助合作双方实现共同价值。然而，正如第 2 章所指出的，企业中厌恶风险的管理者往往不愿尝试合作。这时初创公司交流平台展示出的范例就不失为一剂良药，至少可以鼓励一些管理者踏出第一步，继而最终使企业与初创公司的合作变得更加牢固（第 4 章会讨论这一点）。

早期的胜利固然重要，但同等重要的是，不能为了培养范例而培养范例，或者仅凭一两次走了好运就过早宣布胜利，这个道理无须多言。培养典型范例的过程应该是一个理智且诚实的过程——对失败保持合理的宽容，尤其是在早期；这是一个试图真正弄清楚如何使企业与初创公司的合作过程对双方都有效的过程。通过这样做，人们可以更清楚地认识到，哪些初创公司值得获得企业有限的管理注意力。通过这种方式，随着时间的推移，企业与初创公司之间的关注点不对称的问题便可以较好地得到解决。

无论是为了向外部初创公司表明合作意向，还是为了说服内部管理者推动合作，善于展示成功的合作范例对企业达到这两个目的都是很有帮助的。为了更好地展示范例，企业可以利用各种论坛和媒体，包括高管的主题演讲、时事通讯和社交媒体帖子。当有越来越多的证据表明，真正的、名副其实的双赢合作可以实现的时候，由于表 2-1 中的那些障碍（对初创公司缺乏信心、无效学习、与生态系统合作的苛刻条件等）而产生的怀疑，无论是来自企业还是初创公司的，都将开始减少。

增加成功培养典型范例的概率

企业管理者可以通过关注三个重要因素，来增加成功培养典型范例的概率：

1. 确定要合作的初创公司的优先顺序。

2. 认识到展示初创公司可能会适得其反。

3. 培养"校友"网络。

为了引起最多的关注，我们应该优先培养谁？ 与初创公司合作的管理者应该从早期阶段就对此多加留意，以增加出现成功案例的概率。

这就需要有意识地选择某些初创公司。正如前面在讨论如何设计交流平台时所提到的，企业需要考虑的，是与早期初创公司（使用种子资金的公司）合作，还是选择更成熟的公司（比如已获得 A 轮融资的公司）。这里需要做出权衡：更成熟的初创公司更有可能带来双赢的结果，但早期初创公司更具可塑性，能够以符合企业规划的方式进行塑造。

重要的是，管理者需要有意识地确定哪些初创公司在资源分配方面应该优先考虑。可以说，企业最重要的资源是管理注意力，因为初创公司获得的其他资源都来源于此——它们从管理者那里得到的关注越多，就越有可能从企业获得资源。由于企业管理者能分配给正在接触的初创公司的管理注意力有限，因此他们不可避免地必须列出优先级。在决定哪些初创公司更值得关注时，一个重要的考虑因素便是该公司作为企业合作伙伴能够获得成功的可能性。

当然，范例对大型企业的影响可能会有所不同：在大多数情况下，范例具有渐进式的（但有用的）影响，在少数情况下，范例具有突破性的影响，甚至可能成为企业建立新业务的基础。早期的范例影响可能更像前者，但随着时间推移，企业与初创公司的合作能力越来越强，企业通过典型范例获得更具突破性影响的可能性就会增加。

培养典型范例有哪些潜在风险？ 事情并不会总是一帆风顺。今天的合作伙伴完全有可能变成明天的竞争对手。也就是说，有可能在企业帮助一家初创公司获得巨大成功之后，它却反过头来以某种方式与企业竞争，有时甚至是以充满敌意的方式。一个典型的例子是 Huddle，这是一家成立于英国伦敦的软件公司，是微软开始认真对待与初创公司的合作之后，展示的早期范例之一。尽管这家英国公司被当作 BizSpark One 计划培养出的模范生，但它后来却将自己定位为微软的产品之一——SharePoint 的主要竞争对手。

另一个不那么戏剧性的风险，是过度展示的风险。这在以下情况下会构成问题。第一，初创公司可能过早地被认定为赢家，而随后该初创公司（以及合作关系）的情况却开始变糟。第二，事实上，过度暴露在外部和内部受众的视线里可能会让人分心，并造成负面效应。在与初创公司的合作中，一些考虑周全的管理者会尽量小心，不去接受太多的内部或外部访问，并谨慎地在获得有价值的曝光和避免对初创公司的干扰之间取得平衡。

事实上，一些企业并不愿展示范例，部分原因是它们与初创公司合作伙伴签署了保密协议（NDA）。然而，即便这样，我发现这些企业通常非常清楚谁是范例。例如，即使企业没有公开点明自己的初创公司合作伙伴，它们也很可能会向内部受众展示这些初创公司。（我曾作为一名"中立"的外部演讲者，受邀出席某企业的闭门会议。）

话虽如此，重要的是要避免光说不练或走马观花式的创新表演。与初创公司合作的部门或项目的领导人最好避免让过多的访客和报道分散了注意力——除非可以获得某些明显的价值。展示成功的故事很容易做过头，企业需要对其加以约束，以确保这些展示能够对更好地开展与初创公司的合作做出有意义的贡献。

如何与"校友"保持联系？认真对待与初创公司合作事项的企业，往往很擅长在正式的合作期限结束后，继续与初创公司保持联系。每当看到精明的合作计划管理者在社交媒体上发布初创公司"校友"的消息时，我总会觉得印象深刻。无论是面向内部还是外部受众，这对于证明企业是初创公司的重要合作伙伴来说，都不失为一种强有力的方式。而且，"校友"网络也是招募其他优秀初创公司的一个重要的推荐来源。

与"校友"保持联系之所以是一个好主意，另一个原因是，一些初创公司可能会在与企业合作后做大做强。虽然管理者希望展示的，是那些曾与企业成功建立起高质量合作关系的范例（例如，它们在解决企业的痛点方面颇有成效，并且自身也在此过程中受益），但还有另一种类型的成功值得关注，那就是获得所谓的外部验证，例如完成一轮大型融资等。此类机会通常在与企业的正式合作结束之后才会获得，但与企业的合作关系很可能已经在帮助初创公司打开新的大门，实现成功。HiNounou（诺童智能）是一家总部位于上海的初创公司，它整合了健康科技和保险，是拜耳 G4A 加速器的一员。随后，它成功收获了知名度，甚至法国总统马克龙在访问上海时也对其颇为关注。拜耳非常精明，继续以非正式的方式支持这家初创公司，安排高级经理为其提供指导，并通过社交媒体宣传自己与 HiNounou 的紧密联系。

维护好"校友"网络还有一个原因，就是初创公司很可能有机会与接触过的企业或其更广泛的生态系统中的别家公司开展进一步的合作。这意味着合作双方的接触点有机会成倍增长，这对初创公司来说无疑是有吸引力的，而对企业来说也是有意义的，因为企业可以获取更多的协作效益，却不必为寻找可靠高效的初创公司合作伙伴而耗费额外成本。当初创公司与企业的接触扩展到企业在多个国家的业务部门时，对双方来说都会出现一个有趣的结果：初创公司在这个过程中走向国际，同时通过与企业更广泛地合作，为企业带来更多收益。

了解初创公司的视角

当然，一个巴掌是拍不响的，前面阐述的与初创公司合作的"三步走"（协同作用—交流平台—典型范例）战略（见图 3-1），只有在企业管理者愿意花费精力去了解初创公司的视角时，才会有效。这一点很重要，因为在获得初创公司的青睐、争夺最好的合作伙伴的过程中，"大猩猩"（大型企业）之间的竞争越来越激烈。当"大猩猩"采用本章讨论的系统性合作流程时，初创公司便能够更直接、更容易地与它们共舞，我的研究结果显示，站在初创公司的角度，这个过程涉及三个重要步骤：形成（合作概念）、巩固和延伸。这当中的每一步，初创公司都要做到积极主动又小心谨慎。

与猩猩共舞：初创公司应该如何与大型企业合作

形成（合作概念）。从一家初创公司的角度来看，第一步是将与特定"大猩猩"合作的可能性进行概念化，并做好与它们接触的准备。这意味着，初创公司需要对自己与这个"大猩猩"之间具有怎样的双赢关系有一个大致的设想。如此一来，这家初创公司为了与"大猩猩"建立关系所做的努力，会被视作对"大猩猩"所提供的协同作用的回应，进而会引导它在"大猩猩"所涉猎的经营范围中寻找到合适的合作交流平台。

与此同时，作为在与大型企业的合作中实力通常较弱的一方，初创公司可以通过这一步获得安全感，即这个"大猩猩"确实是认真与初创公司打交道的（而不仅仅是通过公关活动来走过场）。这样一来，当这家初创公司觉得双方追求协同作用的出发点是真诚的，它便更有可能对此做出积极的回应——尤其是当协同作用很明显或可确信时，这种情况更有可能发生。

因此，为了吸引高质量的初创公司，确保合作当中的协同作用清晰可见（且合理）是很重要的。

巩固。接下来，这家初创公司最理想的做法，就是通过取得切实的胜利，将互利关系的可能性变成现实，从而巩固它与"大猩猩"之间已经形成的关系。若它能够在"大猩猩"提供的初创公司合作交流平台（如加速器或竞赛）中与"大猩猩"接触并提出解决其痛点的方案，这便是可行的。但如果缺乏现成的交流平台，初创公司想要在大型企业内部找到合适的人开展共同行动，大多是困难重重的。因此，当初创公司合作可以清楚地看到，通过使用"大猩猩"提供的初创公司合作交流平台与之开展定义明确的共同行动（例如概念验证项目）的机会真实存在时，该初创公司才更有意愿深度参与交流平台中的项目。

也就是说，一家初创公司在与企业打交道时，可能会同时表现出热情和谨慎。这家初创公司可能会担心项目被中途叫停，甚至担心，如果它太快地透露太多的专业知识，"大猩猩"可能会跳过它，独自或与其他合作伙伴一起执行该项目。初创公司对项目延误特别敏感，特别是在初始阶段，例如在企业不能迅速决定启动一个项目（并走完支付流程，如果此前已达成一致）的时候，因为它们可能在现金流的压力面前十分脆弱。对于初创公司来说，高效的交流平台可以让巩固合作关系的过程更加直接和顺畅，还可以缓解它们对于可能被利用或得不到专业对待的担忧。

因此，为了使优质的初创公司能够顺利巩固与"大猩猩"之间的关系，关键之处在于搭建起一个高效（且透明）的交流平台。

延伸。最后，通过取得切实的胜利而巩固了合作关系的初创公司——尤其是那些被视为典型范例的初创公司，可能会寻求机会延伸与企业的关系。这可能涉及扩大原始项目的范围，开发新项目，或者与企业的其他业务部门或子公司进行接触。例如，一家已经成功开发出概念验证的初创公司，现在可能会寻求机会进入下一阶段的实施试点，或希望原先主要以技术为主的合作关系可以有机会转变为更商业化的关系。另外，这家初创公司也可能正在寻找能够与这个"大猩猩"合作的其他项目。这可能会涉及与该企业其他业务部门的合作，甚至是与该企业其他市场的子公司的合作。

然而，此时初创公司可能会保留一定程度的警惕，因为"大猩猩"依然会被认为是更强大的个体。因此，这家初创公司可能还会探索与其他"大猩猩"合作的可能，这样它就不会过度依赖原先合作过的"大猩猩"。对自己的创新网络持更开放态度的"大猩猩"，可能会将这些初创公司合作典型范例引导到自己网络内部的其他潜在合作伙伴那里。而且，就算初创公司跨出了自己的关系网络，"大猩猩"依然有机会以某种方式维持与它们的联系，比如授予该初创公司"校友"身份。"大猩猩"在努力建立和维护一组初创公司合作典型范例的同时，还要敞开大门，允许它们自由进出；在日后的阶段，它们可能会重新回到圈子里，恢复与"大猩猩"的合作关系。

由此看来，企业确保不断积极地培养合作典型范例（并在初创公司选择与其他企业合作时，依然以开放的心态与之保持联系），可以显著提高优质初创公司与该企业及其更广泛的生态系统之间的合作关系得到延伸的可能性。

总而言之，对于一家初创公司来说，如果它能很好地理解企业的协同作用—交流平台—典型范例战略，就能更好地将自己的行动与"大猩猩"的行动结合起来。相反，高度关注初创公司的立场的企业管理者，最终更有可能与初创公司建立卓有成效的合作关系。并且，这样的企业管理者在考虑该与哪些初创公司合作时，可以更好地掌握合作伙伴选择标准，因为协同作用—交流平台—典型范例框架已经为其指出了某些关键考虑因素。

• • •

充分理解协同作用—交流平台—典型范例这个合作流程是很重要的，但要做的不止这些。要明确如何与初创公司合作，还要知道如何确保与初创公司有效合作的方式能够在企业内部完成制度化，确保在负责这些合作工作的内部创业者调动到其他职位甚至其他公司时，合作不会受影响。接下来的第4章着眼于如何逐渐建立与初创公司合作的能力。

如何培养与初创公司
合作的能力

虽然我们十分擅长与大型合作伙伴共事，但这却是我们第一次与完全相反类型的合作伙伴接触。可想而知我们的学习曲线会是怎样的！起初，当我们与这些初创公司联系时，它们中的大多数实际上都有些困惑……

——某大型企业管理者

• • •

学习与初创公司合作

理解某个特定的合作流程（例如上一章所讲的协同作用—交流平台—典型范例框架）是一回事，学会如何重复性地与初创公司展开合作又是另一回事。想要将与初创公司合作的能力嵌入组织当中，令其成为一种制度化的实践，需要广泛而又全面地学习这种新能力。只有这样，一家企业才能寄希望于通过一致的、在某种程度上可预测的方式与初创公司进行合作，进而获得有价值的成果。换句话说，如果企业不具备与初创公司合作的能力，那它们的合作只会是昙花一现的一场创新大秀，对双方来说都是极大的浪费。

毫无疑问，培养出第一个（或第一组）典型范例是意义重大的，但同样重要的是要实现超越，这样一来，第一次的成绩看起来才不会像是侥幸或一次性的。这就是为什么要慎重考虑企业如何建立新合作能力的问题。

与内部运营甚至外部收购相比，合作更要求企业有自己独特的能力类型，这在大量关于战略联盟的研究中已经得到了很好的证实。然而，传统的联盟往往发生在相似类型的实体之间。当微软意识到自己正在智能手机大战中节节败退之时，它宣布了与诺基亚进行战略联盟，这个联盟最终以前者收购了后者而终结。当然，这一特定的结合并没有完全达到预期的效果，但需要注意的是，这一联盟所涉及的，是两家类似的大型西方企业。为进入国际市场而结成的联盟也是如此。通常情况下，一家大型外国企业会更愿意与一家大型本土企业合作。因此，当星巴克进入印度市场时，它与该市场中最大的企业之一塔塔（Tata）集团建立了合作伙伴关系。物以类聚，人以群分，大型企业与其他大型企业建立战略合作伙伴关系，在某种程度上是顺势而为。

相比之下，正如之前讨论过的，企业与初创公司之间的合作往往涉及两个截然不同的实体，同时还要面对两者的不对称性所带来的挑战。即便是一般情况下合作能力很强的企业，也得努力培养自己与初创公司合作时所需的能力。这通常包含着不断地试错和总结。

此外，企业还必须努力让自己能够被初创公司视为良好的、可靠的战略合作伙伴。鉴于企业之间为吸引最优秀的初创公司进行合作而展开的竞争日益激烈，这一点变得非常重要。

任何新能力的建立都是十分费力的（而非毫不费力），发展与初创公司有效合作的能力亦是如此。需要说明的是，多年来，有多家企业一直都认真对待合作工作。在 20 世纪 80 年代和 90 年代，企业市场和供应链业务的全球化推动了联盟的形成。在许多情况下，企业别无选择，只能与当地伙伴结盟。一些企业甚至成立了联盟管理部门，多年来在合作方面积累了宝贵的知识和经验。

不过，与初创公司合作有着不同的游戏规则。即使是那些与年轻公司有着长期合作历史的企业，例如与生物技术公司合作的大型制药企业，也不得不去适应与专业领域截然不同的数字初创公司合作。

以拜耳为例，这家生产阿司匹林（和许多其他药物）的德国传统制药企业，在与数字初创公司合作的事情上十分认真。拜耳的初创公司合作计划始于 2013 年，原本是由一位名叫杰西·德·瓦莱（Jesus de Valle）的内部管理者基于个人情怀所创立的项目，其最初目的是为医疗保健相关的数字应用程序开发提供小额资助——Grants4Apps 这个名字就是由此而来的，缩写为 G4A。几年内，一个面向数字初创公司的为期 100 天的加速器计划就在柏林启动了。这个交流平台不断进行着调整和改进。第二年，加速器计划中的班级规模扩大了。德国境外的初创公司以及有创业想法的企业内部员工都可以申请。此后的一年，拜耳对该平台做出了进一步的调整，将初创公司的专业能力与拜耳所关注的战略领域更紧密地联系在了一起。

这一计划性举措在调整后扩大了规模，被拜耳在包括中国、日本、俄罗斯、韩国和西班牙在内的外国子公司纷纷采用。与此同时，拜耳在德国勒沃库森的全球总部设立了孵化器，而其在硅谷的管理者们也在寻找潜在的初创公司合作伙伴。到了2018年，该计划的运营负责人尤金·博鲁科维奇（Eugene Borukhovich）认为是时候进行整合了。勒沃库森孵化器关闭，所有现有活动都被归入G4A数字健康初创公司合作团队的三个项目类别之中。博鲁科维奇是这样描述这三个类别的：情报（"在哪里玩"——了解价值池、需求空白和战略部署）、伙伴关系（"和谁一起玩"——包括与初创公司进行商业交易和对初创公司进行早期投资）和新公司（"如何获胜"——开发新的收入来源）。最后这一项目类别，是拜耳G4A寻找新商业机会的初次尝试，瞄准的是行为科学领域，且包含搭建起一支由创业者和内部创业者组成的团队，团队成员之间的思维碰撞可想而知。拜耳将自己与初创公司合作项目的使命明确定义为促进"数字健康"，并放弃了对项目品牌名称的扩展形式"Grants4Apps"的宣传，转而使用G4A作为项目的正式名称。

当然，有时候一些企业可能会刻意做出一些事情，比如举行黑客马拉松或创业挑战等一次性活动，这可能是有它们自己的理由的。但若企业将与初创公司的合作视为企业创新武器库中的重要组成部分，展示出对合作的决心便极为关键。

拜耳的例子引出了三个管理方面的重要行动步骤（见表4-1）：发起、扩展、系统化。本章将对它们进行讨论。

表 4-1　企业与初创公司合作的能力建设过程

	发起	扩展	系统化
目的	迈出第一步，即使是相对较小的一步，让企业与初创公司的合作得以启动	激发内部支持，以确保企业与初创公司的合作不仅仅是一次性的	在企业的战略优先布局内将企业与初创公司的合作关系制度化
人员	内部创业者会发起变革，推动事情向前发展以启动合作。他们包括： • 聘请（包括通过收购）的创业者 • 之前借调到初创公司的管理者 • 创业者—管理者搭档	合作交流平台主管（不一定是发起计划的内部创业者），以及： • 内部领军者（最好是高层管理者） • 机会创造者（业务部门管理者） • 巡回大使（不同层级的管理者）	到目前为止，除了对少数人的依赖之外，还需要创新专家，和将企业与初创公司的合作视为企业未来发展不可或缺的一部分的领导高层，两者一起不断努力
流程	相关的考虑因素： • 利用企业的创新兴趣 • 与其他"大猩猩"结盟 • 选择合适的初创公司	采取行动以确保： • 可重复性 • 改进 • 常态化	将合作嵌入： • 企业创新 • 企业文化 • 企业战略

发起

必要性：对行动的偏见

第一个行动步骤是"发起"，它的目的很简单：迈出第一步。许多成功的初创公司合作项目都是从一个不起眼的开端起步的。但对于内部创业者来说，即便最初只是迈出了很小的一步，也可能是一种有效（且实际的）方式，可以叩开与初创公司合作的大门，并发起合作，这比陷在没完没了的讨论和分析之中最终一事无成要好得多。迈出第一步往往是最难的。事实上，1.0 版本的初创公司合作计划，其最大的优点往往就是在于有人试着做了一些事情。在拜耳的案例中，这个开端是一场通过发放助学金（以学生为主要资助对象）来鼓励数字应用程序开发的小型竞赛，从这个微不足道的起点开始，拜耳的初创公司合作计划发展得非常迅速，最初的计划名称Grants4Apps（为 app 提供资助）的缩写沿用至今。在其他案例中，开端可能是一个在周末举办的黑客马拉松。让合作流程开启，即使只是一小步的行动，也可能比无休止地讨论，以期一个根本不切实际的轰动开场要好。当然，仍然需要警惕的，是那些无疾而终的小范围行动。因此，帮助企业发起合作的小范围行动显然是需要后续活动来维护的，后续的活动可以保持行动的势头，为更多重大的、长期的初创公司合作行动创造机会。

让有创业精神的个体参与进来

对于企业与初创公司的合作来说，一个关键挑战是，合作归根结底是人与人之间的协作。虽然可能会存在企业 CEO 强制要求与初创公司合作的情况，但在我研究的大多数案例中，都有一两个充满激情的中层管理者推动着企业与初创公司合作计划的发展和演变。在这类案例中，这些内部创业者甚至在早期就可能会采取大胆的行动，并且在没有上级明确批准的情况下持续推进。

举个例子，在宝马初创车库计划发起时，该项目的联合创始人格雷戈尔·吉米（作为宝马公司的非内部人士）绕过了大型企业通常所需的烦琐官僚的审批流程，设计了风格十分吸引初创公司的新网站和办公空间，这一举措让事情悄然发生了一些变化。他的理念是，请求原谅好过请求允许。在回到祖国德国之前，他从硅谷学到了这一理念，这引导他积极主动地为宝马初创车库建立独立的品牌标识和网络形象。当他接到总部宣传部门的电话时，他以为自己可能有麻烦了，但实际上，他收获了总部对他所做工作的祝贺。

虽然，在令企业与初创公司的合作变得更具正当性和更主流方面，高级管理层发挥着重要作用，但合作的灵感和起点很可能来自中层管理者，是他们看到了与初创公司合作的机会，并以极具创业精神的方式发起了这一合作。实际上，这些人本身就是内部创业者，他们并不总是等到高层授权或认可后才与初创公司打交道。但当他们获得了足够的支持并证明了这样做的价值时，他们中的许多人就能够说服自己的老板认真对待与初创公司的合作。扎克·韦斯菲尔德曾是微软初创公司合作计划的关键人物，现在是英特尔 Ignite 加速器项目的负责人。他表示，与初创公司合作有助于为大型企业注入成长型思维。他补充说，只有当管理者对于与他们打交道的创业者有同理心，并且自己也具备创业精神的时候，才会奏效。

成为内部创业者所面临的挑战是不同寻常的。这条路并不适合每个人。但有一些人，他们不愿安于现状，并能够预见开放式创新可以增加企业创造和获取价值的机会，那么对他们来说，是否能与初创公司达成合作肯定是一个值得考虑的问题。此外，虽然我研究过的企业通常有一两个关键人物推动了与初创公司的合作（这些人通常负责合作交流平台的运作），从而成为企业在创业生态系统中的"代言人"，但还有一些人，他们或许不太引人注目，但却举足轻重。这些人包括负责与初创公司合作的团队当中的关键成员，他们在背后默默工作，确保与企业中各个业务部门的联系顺畅无阻。这些人还包括在一些联合项目上与初创公司共事的众多企业内部管理者。此外，还有一些企业管理者，在某些情况下可能分散在多个部门和不同地点，他们积极提倡与外部创业者接触（借机或许能成为彼此宝贵的盟友），因此他们也是合作进程的关键。

正如哈佛商学院的霍华德·史蒂文森教授从他在课堂上教授创业学之初就指出的那样，管理者和创业者作为个体，有着相当不同的价值取向。因此，一个关键的挑战就是让这些不同类型的个体可以共事。有多种策略可以用来解决这个问题。这个世界对公司的敏捷性和创造力的持续需求可能会导致管理者和创业者不得不更紧密地合作，而那些更及时地试验这些策略并成功发展出与初创公司合作能力的企业，将为这样一个世界做充分的准备。

聘请创业者。首先，一种可行的策略是，让成为企业一员的创业者与初创公司打交道。聘请创业者是企业为合作事宜找到理想的负责人的一个简单直接的方法。不过，这并不总是那么容易；许多这样的人才通常不想为大型企业工作。解决这个问题的方法之一，是利用企业对初创公司的收购机会。尽管与非股权合作方式相比，收购通常是一种寡头之间的博弈，但除了可以得到预期收购标的外，它还为企业提供了一个可以吸纳创业者的机会。事实上，完成收购后留在企业内的初创公司创业者可能并不觉得传统管理者的角色有吸引力，但他们对企业的战略有足够的了解，足以适应企业与初创公司的合作交流平台。引入一位临时的"常驻"创业者也有助于连接企业和外部初创公司。

让管理者接触初创公司。其次，为内部管理者提供机会去了解初创公司的世界，有利于帮助他们在企业与初创公司的合作中发挥作用。我在研究中经常观察到，如果一位初创公司的联合创始人之前曾在一家大型企业工作，他在"与猩猩共舞"方面会更精明机敏，如果这个"大猩猩"正好是他的前雇主，情况更是如此。而一位能够在合作的双方之间顺畅沟通的前雇员，对"大猩猩"来说也是合作对接的不二人选。但是，这样的人才很是稀缺。因此，致力于发展与初创公司合作能力的企业，也可以考虑让有潜力的管理者去初创公司的世界里体验一下。例如，可以在商定的一段时间内将管理者借调到合作的初创公司。这会让这些管理者对合作中的创业者产生更深的理解和同理心。我研究的一家与 IBM 密切合作的初创公司，它的 CTO 实际上就是从 IBM 借调过来一段时间的。当然，这样的安排与传统企业中官僚的人力资源管理规范背道而驰，但凭借一定的想象力和灵活性，这样的方式培养出的管理者队伍，能够更好地理解初创公司的思维和规矩，并成为企业与初创公司合作交流平台的重要组成部分。这一策略也符合企业所追求的发展具有创业精神的企业文化的远大目标。

创业者搭配管理者。最后，让创业者和管理者共同掌舵初创公司合作事业可能是个行之有效的办法。企业在与初创公司打交道时面临的挑战之一就是，在需要从创业生态系统中获得外部可信度的同时，也需要从企业与初创公司合作的具体业务部门管理者或创新专家那里，获得内部正当性。举个例子，当我在慕尼黑与宝马初创车库的吉米会面时，我观察到他是一个十分善于经营的人，但他行事并不鲁莽、激进，这是因为他有一位搭档——马蒂亚斯·迈耶博士，是宝马的资深内部人士，对企业内部人的想法和行为了如指掌。这意味着，作为一对搭档，他们可以运用互补的能力去应对内部和外部受众，从而避免轻率的冒险行为。他们在一起能够很好地把握组织内部的沟通和流程，只有偶尔对于类似"合作项目的网络形象"这样的重要事件，才会以"请求原谅好过请求允许"的理念果断采取行动。由此可见，两位拥有不同却互补的跨界技能的内部创业者，可以为企业的初创公司合作工作同时提升来自外部和内部的关注度与接受度。

综上所述，企业要尽快迈出第一步，即使只是很小的一步，要赶在产生合作意向初期就启动合作，这是十分重要的。而当具有创业精神的管理者带头时，这种情况更有可能发生。

可供考虑的起步方式

关于发起的流程，其关键在于找到起步的方式。至少有三种方式可以推动企业与初创公司的合作。

利用企业对创新的兴趣。当企业对创新有潜在的兴趣时，内部创业者发起与初创公司的合作就容易得多。在发起联合利华创想 + 计划之前，杰里米·巴塞特曾参与过两个力求推动创新的团队。2010 年，他加入了联合利华的新业务部门，该部门试图开发五个 1 亿欧元的业务，以帮助塑造企业的未来方向，但最后没能成功。接下来，他参与了 GoGlobal 计划，该计划邀请初创公司向联合利华推销与其某些大品牌合作的想法。在 2014 年，有七个试点项目被委托给了初创公司进行开发，例如名为 NewAer 的初创公司为梦龙（Magnum）雪糕开发了一款互动展柜，让顾客可以通过手机应用程序找到最近的购买地点。巴塞特从之前在新业务部门和 GoGlobal 的经验中就已得知联合利华企业内部有尝试新事物的兴趣，而这些试点项目激发了他的灵感，于是他想方设法地与初创公司合作，并在那一年创建了联合利华创想 + 计划。他说："我们的想法并不是让联合利华买断这些初创公司的股份，因为经验告诉我们，这会扼杀它们的创业火花；相反，我们是为了创造一个对双方都有意义的商业机会。"

　　虽然联合利华创想＋是在当时巴塞特任职的企业总部伦敦成立的，但在一些情况下，合作计划起初可能必须设在远离总部的地方，以确保内部关键高管和外部初创公司都能够认真对待它。硅谷、以色列和班加罗尔等知名创业生态系统的优势在于，它们是创新和创业的代名词，在这些地方建立合作计划可以表明企业与初创公司合作的诚意。微软和 SAP 等许多企业纷纷利用硅谷这块宝地发起了 BizSpark 和 Startup Focus 等计划。此外，以色列也一直是启动初创公司合作计划的温床。其中一个例子就是扎克·韦斯菲尔德领导的英特尔 Ignite 计划，凭借早先在以色列建立的微软加速器，韦斯菲尔德在当地和全球创业生态系统中声名鹊起，以色列加速器也成为微软在全球其他同类加速器的范本（而韦斯菲尔德则担起了微软加速器在全球运营的责任）。印度的班加罗尔是另一个魅力十足的地方，它是瑞士再保险的 InsurTech 创业加速器和思科（Cisco）的 LaunchPad 等全球计划的所在地。

　　另一个在远离总部的地方发起与初创公司合作项目的例子是可口可乐（CocaCola），该企业在一个市场规模足够大，值得被认真对待，但又距离总部足够远，可以避免干扰的地方进行了试点，这个地方就是澳大利亚。这样的地点对启动与初创公司的合作很有用，它们有助于产生良好的学习成果，掌握有效地与初创公司打交道的诀窍，同时避开企业总部那些管理者的控制，因为他们必定会扼杀来自组织其他地方的新想法。总而言之，选址的首要目标是平衡该市场的重要程度和抗干扰程度。

另一个推动企业与初创公司合作的因素是鼓励创业的公共政策措施。在中国，促进"大众创业、万众创新"的相关政策出台，见证了在华经营的中国企业和跨国企业的一系列行动。本书的第三部分（第 5 章和第 6 章）将会更详细地介绍这些地理区域之间的差别。

与其他大猩猩结盟。接触初创公司并与其达成合作伙伴关系，一开始对企业来说可能是一个挑战。这些企业在与其他大型企业打交道方面通常经验丰富，却发现自己在与初创公司合作时需要做出艰难的调整。有些大型企业所采取的技巧是，将自己与其他大型企业熟练合作的经验，转化成为在开始甄别和接触初创公司阶段时的优势。以下是大型企业可以通过结盟更有效地与初创公司合作的三种战略。

*第一，成群狩猎。*尤其是在一开始，寻找合适的初创公司合作伙伴就像大海捞针，而且在时间、金钱和精力上的成本都很高。降低这些成本的方法之一就是与同行业的其他企业分摊成本，这就是为什么一些企业要联合在一起——即使它们是竞争激烈的对手。例如，相互竞争的制药企业会定期聚在一起，参与 Plug and Play[⊖]为医疗健康板块组织的活动。Plug and Play 是一个总部位于硅谷的机构，它将企业和初创公司联系起来。（有关这类第三方专业机构的更多信息，请参阅本章最后一节。）此类项目提供精心策划的"合作速配"等推介活动，帮助大型企业找到富有创新力的初创公司进行合作。参与这些（通常需要付费的）项目的企业，它们的想法似乎是，如果追求尽快进入更可行的合作流程的代价是与竞争对手结盟，那就来吧。其背后的理由是，为了应对数字颠覆以及随之而来的不确定性，尽快接触最具创新性的初创公司显然更重要，不必执着于自己独享对合

　　⊖　意为"即插即用"，该机构中文名称为"璞跃"。——译者注

作伙伴的搜寻过程。当然，一旦建立了合作关系，保密协议和竞业条款必然会发挥作用。但在一开始，与业内其他企业一起研究可供选择的初创公司是符合各企业的共同利益的。

　　第二，参与三方协作。初创公司可能会同时与两个"大猩猩"在同一个项目中合作。在高度创新的生态系统中，科技型企业有机会将自己的专业知识连同其初创公司合作伙伴的专长一起，与相对传统的行业中的大型企业的能力进行三方结合。当该传统企业大量使用前者的技术时，这一点尤为可行。例如，以色列物联网初创公司 Youtiligent 是 SAP.iO Foundries 在特拉维夫为期三个月的加速器项目的第一批成员，该公司帮助大型企业监控其设备，并从设备中获得基于数据的分析见解。在成果展示日之后，已经与可口可乐等大型企业有过合作的 Youtiligent 积极寻求与 SAP 的客户合作的机会，这实际上就是三方协作。当然，这样的例子通常出现在像以色列这样高度成熟的生态系统中。但在更初期的生态系统中，三方协作也可能是有价值的，因为它是为生态系统中的合作提供平台的一种根本方式。肯尼亚的内罗毕拥有非洲最具活力的创业生态系统之一，在那里，我参观了内罗毕车库（Nairobi Garage），这是一家创业加速器，它得到了两家大企业——微软和 Liquid Telecom 的支持，后者是一家活跃在东非和南非的宽带服务供应商。在这样的非洲创业中心，初创公司实际上能够同时与这两家专业领域互补的大型企业合作，一家（微软）是在软件领域，一家（Liquid Telecom）是在基础设施领域。

　　第三，往一个计划的漏斗里放入另一个计划的班级成员。"大猩猩"也可以通过互利的方式将各自的初创公司合作计划联合起来进行协作（见图4-1）。沃尔玛与微软在中国的合作阐述了这一战略。2019年，沃尔玛中国启动了Omega 8，这是一个漏斗式的初创公司合作计划，也就是说，初创公司将会经过激烈的竞争和逐层筛选，最后留下一家为企业的痛点提供新的技术解决方案。为了快速推动寻找和协作过程，沃尔玛与其全球主要技术伙伴微软进行了密切合作，微软通过自己在世界各地的加速器（现为ScaleUp）计划，已与众多班级（即在几个月时间内于同一地点集中互动的一组初创公司）进行过交流。从微软中国加速器毕业的初创公司，成为沃尔玛通过Omega 8计划寻求概念验证试点的首批公司之一。Microsoft for Startups计划的中国负责团队在周末组织了一场黑客马拉松，他们精心挑选了几个"校友"初创公司与沃尔玛高管进行互动，其结果是，合适的初创公司就可以参加Omega 8。这样一来，微软以班级为基础的合作活动的成果就进入了沃尔玛的漏斗中。这样的协作是互利的：沃尔玛能够加快其搜寻过程，而微软则可以通过允许这些初创公司接触潜在的关键企业客户来提高自己整个初创公司网络的成功率。

图4-1　与初创公司合作过程中的企业间协作

　　微软与沃尔玛的例子说明了，有些企业在发展与初创公司的合作能力方面领先了一步，而这些企业在与其他"大猩猩"联手与初创公司发起合作方面也处于独特的地位。除了沃尔玛，微软的东亚初创公司合作业务负责人周健，也经常与医疗保健、零售和金融服务等一系列行业中的知名跨国企业一起，发起共同合作倡议。对于这些企业，包括相对较晚开始与初创公司合作的企业，这些共同合作实际上为它们提供了机会，使它们能够充分利用微软现有的能力，以及更重要的，利用微软的初创公司合作伙伴库。当然，微软重视的是其网络中的初创公司与关键客户合作的机会，并在合作过程中对其 Azure 等技术的使用。另一个与初创公司合作已有一段时间的例子，是西班牙电信巨头 Telefonica（通过其创新中心网络体系 Wayra）。当加里·斯图尔特负责 Wayra 在英国的业务时，我在伦敦与他进行过一次交谈，很明显，Wayra 和微软一样，有能力帮助其他有兴趣与初创公司合作的企业进行共同合作。此外，Wayra 还与爱丁堡大学等领先的学术机构共同协作，将其业务覆盖范围扩展到伦敦生态系统之外，远至苏格兰。

总之，值得注意的是，企业并不一定要事事亲力亲为，在与初创公司合作时，其他"大猩猩"，有时候甚至包括竞争对手，都可能是有用的盟友。

选择合适的初创公司合作伙伴。协同作用—交流平台—典型范例框架为企业选择怎样的初创公司合作提供了标准，因为框架中每个方面的选择都会影响初创公司合作伙伴的适合度。当然，在初期阶段，选择合作伙伴可能并不是一个非常复杂的过程，正如后面会提到的，企业可以在实践中对流程进行改进。尽管如此，及早考虑对合作伙伴的选择标准，可以帮助企业在与初创公司合作方面有一个良好的开端。

首先，合作双方在追求协同作用方面是否具有相容性，自然是企业做选择时最先考虑的，因为这关乎初创公司的品质和信誉。一个关键的考虑因素是，初创公司是否按照其承诺的水平来使用企业的技术（当协同作用与技术组成部分有关时），或者初创公司是否实现了所要追求的目标（当协同作用与痛点有关时）。这意味着，初创公司不仅需要具备相当高的品质，还需要真心实意与企业打交道，而非通过与大型企业搭上关系从而博得关注。

其次，合作交流平台的性质可以表明哪类初创公司更能够接受模糊性。班级式的交流平台具有一个优点，那就是它可能会带来偶然的结果，理想情况下，会吸引愿意接受近距离指导并与同行协作的初创公司。漏斗式的交流平台则有利于产生可预测的结果，且对高度专注和追求效率的初创公司更友好。当然，这里描述的两组特征可以在同一家初创公司中共存，不过，某些创业者可能更愿意接受相对开放的（班级式）目标，而不是严格设定的（漏斗式）目标。

最后，企业甄选出的典型范例是最符合企业的战略目标且最能从合作中获得价值的（虽然这种评估依据可能会随着时间变化），它们可以帮助企业识别出合适的初创公司合作伙伴所应具备的一些组织属性。例如，一家企业可能会逐渐意识到自己更适合与 B2B 初创公司合作（即可从中受益并为该初创公司增加更多价值）。此外，企业可能会关注，自己适合与涉猎多种技术还是专精某一领域的公司合作。另一个考虑因素是，初创公司是处于早期阶段还是更成熟的阶段。当然，这当中需要权衡的是，前者有更大的塑造空间，而后者更有可能在短期内提供有效的解决方案。

总的来说，开启与初创公司的合作需要了解相关目的、人员和流程。当然，企业应该避免陷入分析麻痹（paralysis by analysis）的危险。深思熟虑固然重要，但过度思考可能会适得其反。如上所述，在这个过程的早期阶段，为了降低搜寻合作对象过程中产生的风险，方法之一是借鉴其他已经熟练掌握与初创公司合作之法的企业的经验。"发起"这一步骤为进一步"扩展"与初创公司的合作工作奠定了基础，下面将对下一步骤进行讨论。

扩展

为了产生有意义的组织影响，企业需要扩大已经发起的初创公司合作活动的规模，这样一来，在启动了一次或一组与初创公司的合作尝试之后，企业仍然有空间对合作进行扩展。这一阶段的主要目的是激发企业内部的支持。就人员而言，需要有几位内部人士参与进来。扩展可以是活动范围方面的，也可以是受众范围方面的，例如，扩大地域覆盖面或招揽更多样化的初创公司。这种扩展之所以重要，是因为它为企业提供了机会去学习一种新能力，那就是如何与初创公司合作。这种扩展反过来也要求管理者们采取三项行动去推动与初创公司的合作，这三项行动是：重复、改进和常态化。下面我们来详细讨论扩展过程中的这几个方面，它们与所涉及的人员密切相关。

重复：不再只是一次性的活动

如果组织内部提供支持，就可以考虑重复和扩展已启动的初创公司合作活动。重复是很重要的，因为新能力不是通过一次性的活动就能被建立起来的。在建立与初创公司合作的新能力方面，下一个重要的步骤，就是重复前一次初创活动，因为它可能已经将热忱灌输到了推动前一次活动的个人和团队中。在某种程度上，组织第二次初创公司合作计划，同样是一项巨大的（哪怕不是更大的）成就，因为它在推动企业将此类实践嵌入组织自身。

在组织内部获得关注，可以帮助企业扩展最初的临时性初创公司合作事项。例如，西班牙电信的创业加速器 Wayra 被引入英国伦敦，在那里它已经成为创业生态系统中的知名机构。扩展与初创公司的合作活动不仅需要与初创公司社区建立广泛的网络联系，而且同样（甚至是更）关键的是，还需要大型企业内部的广泛参与。从某种意义上说，与初创公司建立企业外部的交流平台虽然很重要，也很有挑战性，但它只是冰山一角。同等的甚至更多的心血需要被倾注到外界看不到的那些企业内部受众身上。

因此，从组织中获得更广泛的认可是有必要的。这就需要有人去跨越边界，不仅在组织外部，而且（尤其是）在组织内部，从而使企业和初创公司之间的接触点和合作机会成倍增加。初创公司合作交流平台的好坏，取决于它能否让相关的高质量外部初创公司与合适的内部管理者产生联结。想要实现跨界，就需要企业中负责初创公司合作交流平台的管理者付出极具创业精神的行动和努力。

对于合作交流平台的负责团队来说，通过接触企业内部不同的人来实现内部跨界，是至关重要的，因为正如前文提到过的，企业内有人可能会对与初创公司合作的举措持怀疑态度。很多企业犯下的一个典型错误就是将所有精力都投入外部创业生态系统，而忽视了企业内部的受众。内部沟通不足会导致三个问题。第一，初创公司合作工作与企业的战略重点之间的关联性可能不被内部管理者所接受。第二，初创公司无法得到有意义的合作机会，因为那些有话语权的管理者看不到合作的意义，或者没有被说服。第三，绝大多数企业员工对与初创公司合作的事情浑然不知，导致他们在面对外部人士对此类活动的询问（哪怕是非正式的）时，无知得令人尴尬。虽然在大型企业中，一个部门的管理者常常会不清楚另一个部门的具体情况，但在与初创公司合作的情况下，这将使企业错失在内部传播相关信息的机会，而这个传播行为本身也是企业有意愿（或正在积极寻求）变得更具创业精神的信号。

合作交流平台的专业管理者要想有效地将外部创业生态系统与自己的企业相连接，就要让一批内部人士参与进来。这些内部创业者必须能够在寻求新的机会时，有效地应对外部刺激，与此同时还必须处理好内部关系，以确保获得资源和批复（或至少避免遇到障碍）。

英菲尼迪实验室联合创始人希尔帕·帕特尔（Sheelpa Patel）的内部跨界尝试，就是一个很好的例证。英菲尼迪实验室是由雷诺—日产—三菱联盟的高端品牌英菲尼迪汽车公司创建的亚洲首批汽车行业企业加速器之一。这个设立在中国香港、为期三个月的加速器计划（结合了主要基于痛点的协同作用和班级式交流平台）成立于2015 年，随着时间的推移，它从最初的以全球品牌发展为重心，逐渐转变为在企业全球文化转型方面发挥更广泛的战略作用。帕特尔的经验，和其他卓有成效的合作交流平台管理者的经验表明，有三类内部人士的支持是值得争取的（见图 4-2）：

1. 内部领军者（理想情况下是指高层管理者）。

2. 机会创造者（主要是业务部门管理者）。

3. 巡回大使（可能包括更多初级管理者）。

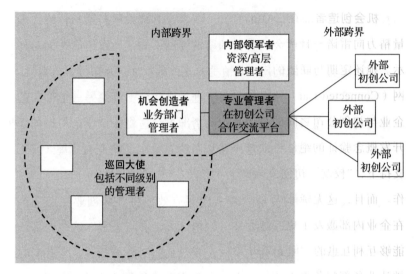

图 4-2　内部跨界以激发对企业与初创公司合作的支持

内部领军者。帕特尔花费了很大力气向 CEO 和高层管理团队推介英菲尼迪实验室。如果他们参与合作过程，并将其作为优先事项，这对企业内其他管理者来说，会是一个很有价值的信号。帕特尔通过努力，成功地获得了他们对于初创公司可以解决哪些痛点的意见，说服他们担任合作项目中初创公司参与者的评选人和导师，并参加加速器计划收尾时的成果展示日活动。当然，成果展示日不仅是前三个月加速器计划的高潮，更有可能是初创公司与企业进一步接触的开始，在未来，初创公司有机会将它们的想法发展为概念验证或试点项目。帕特尔和其他初创公司合作交流平台的负责人发现，当高层管理者明确支持与初创公司的合作，并通过亲自参与来表示时，就会在组织内部产生一个有价值的合法性信号。正如帕特尔所评论的那样："这样的支持对于由点到面明确企业发展大方向来说是很重要的。"

机会创造者。在与 CEO 及其团队沟通之余，帕特尔还投入了大量精力向雷诺—日产—三菱联盟的业务部门负责人做了数次项目演示。她还定期与联盟的内部创新指导委员会接触，该委员会由车联网（Connected Car）等团队的领导人组成。这样可以确保他们熟悉企业与初创公司之间的合作事项。她的努力得到了回报，初创公司开发概念验证的绝佳机会开始涌现，此后，在合作交流平台的持续支持下，"校友"初创公司得以开展更大规模的试点和其他形式的合作。而且，这无疑形成了一个因典型范例而起的良性循环，反过来在企业内部激发了更强烈的信念，相信与高质量的初创公司合作是能够互利互惠的。但如果没有帕特尔的努力，这一切都不可能实现，她让业务部门负责人相信与初创公司合作的潜在好处，并努力使初创公司产出的结果与业务部门的需求（以及 KPI）保持一致。

巡回大使。在寻求更大范围的内部参与这一方面，帕特尔的团队确保了与初创公司合作项目相关的故事能够出现在（现有的）员工内部期刊以及 CEO 在员工大会的演讲中。此外，凡是希望以某种方式参与合作的企业内部员工都会被邀请参与"速配活动"，每当有新一批初创公司加入合作项目并有意在企业内部寻找导师的时候，这些内部员工便可以与初创公司合作伙伴进行搭配。随后，这些导师中的一些人会参加由英菲尼迪实验室主办的针对内部创业者的一次性项目。帕特尔的经历表明，通过不厌其烦地接触更广泛的内部受众，至少有更大的概率让人们知道企业中正在发生什么，而其中有些人就会愿意担任与初创公司合作项目的导师和巡回大使。

企业的创新专家在企业中扮演着既重要又备受挑战的角色，因为他们同时跨越了外部和内部的边界。在我研究的早期，他们的主要挑战似乎是想方设法让初创公司重视他们。然而，没过多久，这个问题便不复存在了。事实上，他们中的许多人已被视为创业生态系统中的摇滚明星，经常作为热门演讲者应邀参与有关老牌企业如何与初创公司合作的行业讨论。更大的挑战反而是，如何在企业内部得到重视并获得资源，以确保与初创公司的合作关系从实质上得到内部认可，而不是被视为一阵风潮。因此，包括游说能力和交际能力在内的所有内部创业者所需的技能，都能提供很大的帮助。

显然，这意味着与初创公司的合作需要的不仅仅是来自外部创业生态系统的参与（尽管这一点很重要），也凸显了让真正感兴趣的内部创业者执掌初创公司合作计划的重要性，因为他们可以熟练地与外部和内部受众打交道。

改进：在过程中不断调整

在不同地域或业务部门重复以往的合作活动，是企业学习合作能力的重要一环，特别是若重复使企业能够改进与初创公司的合作活动实践。

其中就包括对流程的改进。当博世（Bosch）启动初创公司合作计划时，它的发现（discover）、培育（nurture）和加速（accelerate）模式（缩写为 DNA）看似十分高明。然而，随着相关管理者不断重复这一流程，并对其进行反思，他们意识到该流程可能需要一些修改。他们所做的主要调整是在之前的第一步"发现"之前增加一步。他们认为，在一开始，他们非常愿意与任何类型的初创公司打交道，但这样做效率有点低，因为他们接触了许多虽有能力但在战略重点方面与博世并不兼容的初创公司。于是，在加速器计划的后续迭代中，他们增加了一个新的步骤："预先发现"（prediscover），以帮助博世在一开始就筛掉战略上不兼容的初创公司。虽然看似只是流程上的一个小小变动，但它大大提升了该企业与初创公司合作的效率。

另一种调整流程的方法，就是在一个班级式或漏斗式的计划中添加其他交流平台的元素，从而使其演变为某种程度上的混合交流平台。例如，在某次流程迭代中，拜耳的加速器计划（班级式）增加了一项针对同期参与者的大型竞赛（漏斗式）。或者，一个竞争性的流程（漏斗式）也可以包含班级式的元素，例如新加坡的联合利华创想＋，在那里，一些参与项目的初创公司可以在企业办公楼附近的共享办公空间里一起工作。

另外，参与者的范围也可以稍做调整。例如，随着时间的推移，微软将合作的重点从早期初创公司转向更成熟的初创公司，因为微软认识到，自己可以从后者获得更多收益，也能为其提供更多价值。在其他一些案例中，可能会加入非初创公司的参与者，比如瑞士再保险，当第三次在班加罗尔重复其加速器计划时，它决定将参与者范围扩大到初创公司以外。

改进也可以表现为，能够更好地理解与初创公司合作可以带来怎样的回报。包括发现一些意料之外的好处。例如，英特尔印度在反思其与初创公司的合作时，意识到了一个之前从未预想过的成果——反向指导。也就是说，虽然英特尔强大的工程师团队能够为初创公司创业者提供技术指导，但反过来，英特尔在商业模式创新等方面也得到了这些创业者的指导。而其合作计划在后续的迭代中也试图更明确、更有效地利用这些反向指导带来的益处。

总而言之，应该不断重新审视企业围绕协同作用、交流平台和典型范例所做的选择，从企业可以通过合作关系给予什么和获得什么这个角度，去衡量企业是否足够了解哪种类型的初创公司更适合自己。这很可能是一个不断演变的局面——合作伙伴的选择标准可能会随时间而变化。不可避免的是，总会经历一些试错的过程。

常态化：确保可重复性

合作活动有机会在不断调整中变得常态化，也就是说，它们具备了可重复性。最终，当合作活动成为常态化，它才能真正作为一项新能力融入组织的血液，到那时，企业就会拥有足够的知识储备和能力去组织经常性的合作活动，而不只是走个过场。当企业与初创公司的合作能力超越了通常在合作初期才有的开拓性、创业性阶段之后，这种能力就变得游刃有余了。常态化的过程强化了合作活动从临时性到系统性的转变，也确保了合作与总体战略保持一致。从某种意义上说，一旦某企业开始理所当然地从事某项特定活动的时候，或者说，当这项活动嵌入组织流程，更重要的是嵌入组织文化的时候，便可以说，该企业具备了与初创公司合作的能力和文化。

一个令那些满怀憧憬的企业管理者和初创公司创业者觉得沮丧的情况是，有时候，双方合作参与了许多小规模试点或试验，但鲜有成规模的。从某种层面来说，这种"死于试点"的情况，反映出了现实的残酷；根据定义，本来就只有一小部分合作试点会成功，正因为有试点，合作双方才可以尽早从失败当中获益，在分道扬镳之后各自追寻更有成效的道路。

然而，从另一个层面来说，这种令人沮丧的情况体现出的是诚意和能力的缺乏。也就是说，很多时候，企业在与初创公司的合作中所做的只是走马观花、逢场作戏（即缺乏诚意），而且缺乏必要的资金来推动有前景的试点项目更上一层楼（即缺乏能力）。解决这两个问题需要企业高层和中层管理者发挥出真正的领导力，而这又可以进一步帮助企业实施更严格、更有力的合作措施，尤其是在阐明协同作用和培养典型范例方面。在某些情况下，企业很容易被建立初创公司合作交流平台所吸引。但是，如果不能以理智诚实的方式面对协同作用，到头来可能会导致行动缺乏明确的目标，进而演变成缺乏诚意。同样，如果没有充分考虑如何培养典型范例以及它们可能会发挥出怎样的长期作用，很可能会导致许多高潜力的合作活动无疾而终，这对大型企业来说是浪费机会，对初创公司来说，则意味着巨大的失望。最终，这将损害企业在初创公司世界中作为首选合作伙伴的"街头信誉"。

在对初创公司合作活动进行常态化时，思考（并重新审视）在最初构建合作交流平台时必须纳入考量的因素是很有帮助的，这些因素包括目标受众、合作计划的时长和平台的所有者。在平台启动时考虑这些因素与后来尝试常态化时再审视这些因素，区别在于，在后一种情况下，企业已经有了对合作流程的反馈。首先是目标受众（也就是参与者），正如前面提到的那样，这一点很可能已经进行了改进。其次就合作计划的时长而言，这对合作活动的频次可能会有影响。例如，一些加速器计划可能一年开放两个班级，每个班级持续3~4个月。微软就是如此。其他企业，比如拜耳，每年举办一次合作活动。两种情况下，对于想要入选特定班级的初创公司，都设定了明确的申请截止日期。

相比之下，一些漏斗式的合作活动更多是持续进行的，在收到或发出合作兴趣的时候，或者在机会（包括明确的难题或痛点）出现的时候，就会启动流程。宝马初创车库和联合利华创想＋皆是如此。当然，在某些情况下，合作可能只是为期一周甚至一个周末的小活动。最后是平台的所有者，同样，这对于确保项目的可持续性来说，非常重要。随着时间的推移，与初创公司的合作流程可能会被同化到更大范围的组织流程中去。而这正是合作能力建设的第三步——"系统化"所要讨论的。

系统化

一旦有了可重复的、明确的常态化或程序化的合作活动，那么最后这一步骤——系统化的目的，就是让这些活动制度化，以形成一个更连贯的整体，以确保企业与初创公司的合作活动是可持续的且有意义的。在我与企业高管的对话中，一个合理但复杂的问题经常被提及，那就是与初创公司的合作是否值得。分析这个问题的方式之一，是计算可量化的产出，比如累计节约的成本（尤其是在基于痛点的协同作用中）或获得的额外收入（尤其是在基于技术组成部分的协同作用中）。有些企业确实是这样做的。此外，在不透露商业机密的情况下，我可以毫不含糊地说，许多企业管理者认为与初创公司的合作具有正向的回报。话虽如此，我也愿意承认，仍有一些人持怀疑态度。

然而，单从财务视角进行考量，实际上可能会阻碍人们看清全局。例如，在涉及企业风险投资（CVC）时，与初创公司合作是否会带来回报的问题，似乎更容易得到解答，因为可以计算出一个实际结果来估计初创公司的投资回报。但即使是在这种情况下，也会有其他问题来扰乱视线。比如在某新兴技术方面获得更高知名度等战略性成果，也可以证明通过 CVC 与初创公司合作是合理的，即便从纯粹的财务角度来看，投资回报可能并不高。也许这就是问题的症结所在：更全面的视角可能比狭隘的财务视角更具备可参考性。这是因为，与初创公司的合作不应被孤立看待，而应被视为企业宏观战略要务的重要组成部分。

在涉及哪些人员方面，如果想要达到常态化合作，就需要整个组织强有力的支持，并承诺会提供足够的资源。这意味着，与初创公司的合作不再只靠一两个人来推动，而应该被视为企业内部一项重要的集体任务。如前所述，这不仅仅涉及与初创公司合作的团队，组织中的个人也需要继续充当领军者，创造机会，并提供指导支持。这一点尤其重要，因为最初推动与初创公司合作活动的人到后期往往会转到其他职位或者离开公司。还有另一个重要的考虑因素是，那个高效发起与初创公司合作流程的人，可能并不是最擅长巩固工作的人。对于一家特定的公司来说，合作很可能是由某个充满激情的个人发起的，但最终的系统化却是由另一个更注重任务目标的勤奋者完成的。在这个过程中，不同的时期需要不同的技能，因此，在合作过程中，一位管理者可能会将接力棒传递给另一位管理者，这并不奇怪。

就流程而言，系统化至少可以采取三种不同的形式，但这三种形式并不相互排斥，下面将对其进行讨论。

与广泛的企业创新工作相结合

实现系统化可能需要企业在更大的企业创新总规划范围内，去明确一系列与初创公司的合作活动。与初创公司的合作，可能会与 CVC 和内部创业活动等其他创新举措一起，成为更大型的企业创新规划的一部分。在有些情况下，这可能会自然而然地发生，一些交流平台可能会遵循自然规律退出舞台。例如，SAP 停用了 Startup Focus 计划，将其与涵盖所有类型的合作伙伴的旗舰级通用合作计划相合并。与此同时，SAP 还出现了其他形式的初创公司合作计划，如 SAP.io，它为选定的初创公司提供投资和孵化相结合的服务。

　　这一转变也可能反映出，企业需要一个更成熟或更正式地参与企业创新的流程。拜耳的情况就是如此，它用一个更加正式和结构化的计划，取代并吸纳了从最初的 G4A 活动中发展出来的创业加速器计划。富士通（Fujitsu）在硅谷的开放式创新平台，也是这样一个整体性合作计划，该企业与初创公司的合作都可以被纳入这个计划。另一个例子，是瑞士再保险的全球初创公司合作计划，它起步于班加罗尔，后逐渐扩展成一个大型开放式创新计划。瑞士再保险全球商务服务（Global Business Services）的董事总经理兼主管阿米特·卡尔拉（Amit Kalra）解释说："瑞士再保险集团在承保和风险管理方面拥有 150 多年的专业经验，但在创新方面，我们还是新人。由于我们在班加罗尔的整个价值链中都有业务，所以我们启用了一个全球加速器来探索物联网等主题，这与我们的业务息息相关……现在我们正在把加速器转变成一个开放式创新平台。"

　　亨利·切斯布罗等人倡导的开放式创新流程的理念已经在许多企业中扎根，这一理念允许企业与包括大学、授权商和初创公司在内的一系列参与者协作。前面提到过的富士通设立在硅谷的 Fujitsu

Open Innovation Gateway$^{\ominus}$平台就是一个突出的例子，它为这家日本跨国企业提供了与多个合作伙伴共同创新的空间。当与初创公司的合作被视为一种重要的开放式创新工具时，它的价值可能会提升，而且可能会对企业与大学的合作关系等产生有价值的交叉影响。比如说，与工程类学院的孵化器合作可以让一家企业同时与学术界和初创公司建立连接。当然，开放式创新的一项关键技能是跨越边界，当企业管理者能够熟练地将不同的合作活动由点到面联系起来时，与初创公司的合作就会有更大的空间，为企业创新做出有更价值的贡献。

　　因此，重点在于要统一大范围的企业创新工作，认识到与初创公司的合作在其中所扮演的角色，并通过共享资源以及让内部和外部创业者合作，来获取与包括内部创业在内的其他创新手段的协同作用，正如前面所述，英特尔中国的一个内部团队与外部初创公司合作时就是这样做的。

与企业文化转型相结合

　　与创新型初创公司合作的一个更大的战略重点在于，一个组织具备创业精神是十分重要的，无论该组织是大是小、是营利性还是非营利性。尤其是在大型老牌企业中，许多管理学思想家都强调了创业性行为的必要性，包括加里·哈默（Gary Hamel）在他与人合著的《组织的未来》（*Humanocracy*）一书中，就严厉谴责了官僚作风对企业管理者的创业倾向的扼杀。正如第 1 章提到的，大型企业

　　$\ominus$　意为"富士通开放式创新入口"。英文原书中为 Fujitsu Open Gateway，经查证，应为 Fujitsu Open Innovation Gateway。——译者注

中的创业者有时被称为内部创业者。

　　想要培养企业和初创公司之间以一种系统性但又不会过于拘泥的方式互动，一个实用的方法是，学会设计和使用一些社会学家所说的互动仪式。互动仪式不一定要有宗教内涵，尽管许多仪式是有宗教性质的，如教堂礼拜和婚礼仪式。在这里，"仪式"一词也不是用来形容毫无意义地走过场的贬义词。事实上，互动仪式可能是非常有意义的，因为它们将人们聚集在一个共享的空间之中，并让人们在一段时间内关注同一个焦点。

　　在过去的 15 年里，我的研究内容之所以丰富翔实，部分原因是我有机会以观察员的身份参与我所研究的企业的众多创新活动，这些企业包括拜耳、IBM、英特尔、微软、联合利华和沃尔玛，其活动范围涉及北美、欧洲和亚洲。在企业与初创公司合作的背景下，这些互动仪式可能会以一场精心设计的活动为形式展开，成为企业合作伙伴生态系统聚会的一部分。或者，它们可能形式上相对不正式，但依然遵循某种仪式，比如企业加速器中为初创公司组织的"周三比萨夜"。在微软的案例中，我同时观察到了这两种情况，前面提到过：有超过 10 000 名合作伙伴参加的大规模全球合作伙伴大会；也有规模小得多的互动仪式，比如某微软加速器中的初创公司成员会一起去酒吧。

　　上述例子凸显了互动仪式的两个方面——台前和幕后。对初创公司来说，在炫目的生态系统活动"台前"出场，与在酒吧参与"幕后"的聚会相比，有着不一样的含义。认识到两者各自的重要性，可能会帮助企业为其管理者及初创公司合作伙伴组织更有意义的互动。互动仪式至少可以产生三个有价值的益处。

首先，可以产生可供展示的成果。通常情况下，这发生在加速器计划的成果展示日。但也可以在其他特殊的场合展示初创公司，例如，在某些小组会议或主旨演讲中，或在更大型的生态系统活动所设置的展览区域中。这样一来，互动仪式就可以嵌入更大的仪式中。从企业的角度来看，这些仪式化的活动是有价值的，从某种意义上说，它们很特殊，有别于日常生活，而企业有机会通过这些活动被初创公司注意到，并逐渐被视为理想的合作伙伴。

其次，可以促进团结。特别是，"幕后"的互动让初创公司和企业中的人员有机会进行一些不那么正式的讨论和互动，使他们能够衡量对方的可信度，并建立彼此之间的善意和团结。而幕后场合的设计也正是用来解决一些尴尬情况的，比如为了达成令人满意的协议而进行的（非商务）谈判，或者进行较为亲近、交心的辅导式访谈。这可以帮助大型企业与初创公司找到有意义的交流方式，Techstars 的戴夫·德拉奇就曾说过："我们发现，当你开始把企业高管作为导师交流时……这使企业能够更有效地从初创公司中学习，也使初创公司能真正地从与这些企业的合作中获得好处。导师精神消除了迪士尼 CEO 和一家只有 40 名员工的公司的创始人之间的障碍。这两个人需要以同僚的身份进行沟通，任何一方都没有'我比你更好'的感觉。而当他们以同僚的身份进行沟通时……才是真正开始发生变化的时候。"此外，在幕后可以预演即将到来的台前展示，还可以理清要传递的信息，避免产生混乱，确保展示效果。

最后，机缘巧合可能会带来意想不到的好处。台前展示的成果和幕后促进团结的互动，这两者的相互作用，可能会因为集思广益或多个（不只是两个）参与者的加入而产生意想不到的结果。一家与微软合作的初创公司，利用微软企业生态系统活动中引发的讨论，最终出人意料地获得了微软零售部门的合作要约。另一家迪士尼加速器中的初创公司，最终竟然有机会在"星球大战"（Star Wars）系列电影中，运用他们在球形机器人方面的专业知识。

重视互动的仪式性是有好处的，可以提示我们注意某些缺陷。例如，高度仪式化的环境会脱离日常生活，在这样的环境中，新的想法或头脑风暴的结果在当时可能会令人兴奋，但后来很难实施，因为它们离现实太远。此外，如果一个仪式出了严重的问题，原先建立的关系也可能会破裂。因此，互动仪式的设计者和组织者需要降低这些风险，并在将想法转化为具体行动时，通过后续的日常会议，找到让计划始终能落地的方法。

与企业整体（不断演变）的战略相结合

归根结底，巩固与初创公司的合作最重要的方法之一，就是将初创公司合作工作与企业核心战略相结合，将其纳入主流。微软在其与初创公司的合作之旅中就展示了这一转变。在前面提到过的微软案例中，微软已经将其最大限度地使用 Azure 云服务的核心战略，同与初创公司合作伙伴进行联合销售的机会，紧密结合在了一起（达到了初创公司可以从现有合作交流平台中获益的程度）。微软的销售团队在卖出联合销售仓库中合作伙伴的产品后所获得的激励，与卖出微软自己的产品一样，因为最终结果是相同的：初创公司和（或）客户更多地使用了微软云计算服务。从某种意义上说，微软已经完成了将与初创公司的合作从"不同寻常的业务"转变为"寻常业务"，从起初试图找出与初创公司打交道的具体方式，转变为让两者的合作符合企业的整体云优先战略。微软与初创公司合作的先驱，丹·列文曾经指出，一直以来，微软都在努力改变商业模式，而该企业的初创公司合作活动与这种战略转变是同步发展的。从这个意义上说，与初创公司的合作可能是更大范围的企业战略转型中的重要一环。

老牌企业在通过做自己擅长的事情来发展的过程中，面临着一个长期挑战，那就是随着商业环境逐步且间断地变化，企业越发需要避免战略漂移（strategic drift），拥抱战略更新（strategic renewal）。调整（甚至是彻底更新）一家公司的产品与市场组合，是这一过程的重要组成部分。当与初创公司的合作超越了简单的解决痛点阶段，而出现了更多全新产品时，无论在技术还是商业模式方面，初创公司对企业的战略意义都可能会变得更为深远。当然，这正是包括企业风险投资或直接收购在内的更多合作形式可以发挥作用的时候。不过，企业也可以从具有非股权合作关系的初创公司中，挑选投资或收购的候选者，这也是很合理的。

面对以快速数字化转型和商业模式创新为特征的新环境，实现企业文化转型显然是许多 CEO 所面临的重要议程。IBM 的 CEO 阿尔温德·克里希纳（Arvind Krishna）在给同事的第一封信中，提到了培养创业性思维的必要性。初创公司的文化几乎天生就与大型企业不同。当然，这是不对称悖论形成的一个关键因素，即企业与初创公司的合作面临的挑战来源于，使两者相互吸引的差异本身也使它们之间的合作变得难以进行。但是，当企业能够成功地利用协同作用—交流平台—典型范例框架来克服（至少一部分）不对称时，文化差异也是可以被企业所利用的。

正如前面关于互动仪式的讨论所指出的，有意促成企业管理者与初创公司创始人之间的对话，对前者（也包括后者）来说是一种启迪人心的宝贵经历。当然，人们也许会担心，把一批初创公司带到企业管理者的面前，最终可能只是成为企业的一种博眼球的、浅尝辄止的尝试，只是想为企业注入一点"初创公司的魔力"罢了。但是，如果与初创公司的接触是经过深思熟虑的，是出于企业高层管理者实实在在的兴趣和支持的，那么，充分了解初创公司创始人的心态可能会让企业管理者备受鼓舞，同时也会心生畏惧，而且必定会发人深省。

向外部专家学习

总而言之，好的合作过程需要时间和努力，包括在试错中学习。如果处理得当，企业和初创公司之间是大有机会实现创业性劳动分工的。但要达到这一点实属不易。于是在此，推动合作的每个个体的价值都值得（再次）强调。

接下来，在结束本章之前，我有必要指出的是，那些认真考虑与初创公司合作的企业必然会遇到第三方专业机构，为企业发起、扩展和系统化与初创公司的合作流程提供帮助，当然，它们会收取费用或其他形式的报酬。在我的研究中，我听到过许多关于第三方专业机构的不同观点，一些人对费用望而却步，而另一些人则对它们的有效性笃信不疑。关键在于，要找到与自己匹配的第三方专业机构，并确保双方对所要提供的干预或协助的性质有清晰的预期。

此外，一家企业选择与第三方专业机构合作，并不意味着它们

可以逃避自己建立新的合作能力的责任。事实上，在我听到的成功
故事中，那些非常善于经营的企业都有能力及时、敏锐地与第三方
专业机构合作，并与初创公司达成令双方都满意的合作结果。归根
结底，企业必须决定是否与专业机构合作，如果是的话，哪一家最
适合。一些企业对这些机构的服务需求是一次性的，另一些企业主
要是在发起阶段使用，还有一些企业则与这些机构建立了长期、全
面的关系。关键是，企业要诚实地评估自己的需求和能够投入此类
专业服务的资源。但与专业机构合作并不能取代企业本该为建立与
初创公司合作的新能力而做的艰苦工作。越有能力的企业越有可能
有效地利用这些专业机构的服务。

在思考是否聘请第三方专业机构时，企业应考虑下面要讨论的
三个重要问题。

在合作方面有哪些独特的竞争力

对于第三方专业机构需要了解的重点之一，是它的核心竞争
力。它擅长的是寻找初创公司合作伙伴？还是开发合作战略？还是
能够从实质上帮助企业执行协作计划？当然，有些专业机构擅长的
（或至少自诩擅长的）不止一件事。然而，与其他行业一样，不同的
第三方中介机构着重发展的优势是不同的。以两家最著名的公司，
Techstars 和 Plug and Play 为例，它们就是很好的对比。

Plug and Play 的核心是为企业和初创公司牵线搭桥。它成立于
加利福尼亚州的森尼维尔，原本是一家面向初创公司的房地产供应
商，最终将自己的定位调整为一家中介机构，为企业提供接触最前
沿的初创公司的机会。它采用的是基于订阅的盈利模式，即企业向

这家机构支付年费，而该机构会组织与企业的垂直领域（行业）相关的初创公司定期向企业进行推介。订阅该服务的企业便会成为多个按垂直领域划分的联盟的一部分。这种服务模式中一个非常有趣的方面是，当初创公司向企业进行推介时，同行业的竞争对手都会坐在一起。从企业的角度来看，在寻找早期初创公司时，它们似乎不那么担心彼此之间的竞争，而是更看重能迅速接触新的、具有颠覆性的点子。这些企业的管理者愿意为了更快接触初创公司而牺牲对初创公司的专享权。

总部位于科罗拉多州博尔德市的 Techstars 可以说是企业加速器概念的鼻祖。Techstars 最初是一家由创始人领导的加速器，与 10 家初创公司进行了为期三个月的密集合作，后来就开始为企业提供相同模式的全套加速器运营服务。尽管 Techstars 持续在世界各地不同城市运营着标准的班级式加速器（比如最近才加入的 Techstars 班加罗尔计划），但企业加速器业务已经成为该机构的中流砥柱，服务于例如巴克莱、迪士尼、福特、大都会人寿（Metlife）和塔吉特（Target）等来自各个行业的新老客户。Techstars 代表客户，对选入同一班级的 10 家初创公司中的每一家都进行投资，并获得股权回报。在三个月的时间里，初创公司会经历密集的导师互动，执行一项周密的行动计划，并为融资做准备，最后以成果展示日作为项目的高潮。

还有一些专业机构，如总部位于伦敦的 Founders Factory[⊖]，与创始人一起从头开始创建公司，以期满足一系列（非竞争关系）企业的战略需求。Founders Factory 由布伦特·霍伯曼（Brent Hoberman）

　　⊖　意为"创始人工厂"。——译者注

（20 世纪 90 年代末英国互联网热潮中最成功的公司之一 lastminute. com 的联合创始人）联合创立。在该机构的风险创业工作室中，从无到有诞生了 50 多家初创公司，而在这背后有一批非竞争性企业的支持，它们包括欧莱雅（L'Oréal）、英杰华（Aviva）和易捷航空（easyJet）。例如，为了解决企业内部员工指导效率低下的问题，一家名为 Guider 的初创公司诞生了，它在玛莎百货（Marks & Spencer）的支持下开发出了一个人工智能员工匹配平台，并在英杰华和利洁时（Reckitt Benckiser）进行了平台试运行。Founders Factory 鼓励其项目中的初创公司想方设法与所有企业赞助商进行接触。

更擅长班级式还是漏斗式的平台服务

Techstars 和 Plug and Play 提供的基本上是班级式的合作交流平台，然而现在也有一类第三方专业机构，它们的工作更多倾向于漏斗式平台，为企业逐步筛选出合适的初创公司合作伙伴。

比如，一家名为 27 Pilots 的公司就在帮助企业应用一种被其称为"风险客户"的合作模式。公司联合创始人格雷戈尔·吉米在协助建设宝马初创车库时提出了这一概念，在那里，外部初创公司会作为合作伙伴与宝马的特定创新部门合作，探究新机会，解决特定痛点，在这个过程中，企业将成为初创公司的客户，因此才有了风险客户这一概念。《哈佛商业评论》（Harvard Business Review）发表过一篇吉米与几位国际管理发展学院（IMD）教授共同撰写的文章，他在其中解释道："从本质上讲，风险客户购买的不是股权，而是初创公司还在试验中的技术……风险客户在初创公司刚从加速器毕业，或刚拿到专业风险投资的时候，成为第一个与其合作的大客户。客户首次购买的是一件'最小可行产品'，因为企业只需购买初创公司解决方案的一个样本，并在企业业务部门的真实试点项目中对其进行验证。从风险客户计划的第一天起，被选中的初创公司就成了企业真正的供应商，拥有采购订单和供应商编号。"

另一个例子是 Pilot44 公司，该公司将其使命描述为"帮助顶级品牌利用新兴、初创技术的力量来加速数字创新"。换句话说，它通常会利用外部初创公司的专业知识，通过执行一个个试点项目，帮助企业快速试验新想法。试点启动的速度很快，例如只需要一至两个月。整个流程包括设计、开发和执行。详细来说，设计阶段可能会以目标、学习计划、假设和关键绩效指标（KPI）为中心，这些因素都有助于企业更好地与客户建立个人关系，并在零售环境中引导客户在一系列令人眼花缭乱的选项中做出正确的选择。随后的开发阶段将涉及为企业的最终需求，比方说人工智能机器人，开发出最小可行产品。由于企业本身可能缺乏开发此类产品的能力，这时就需要 Pilot44 来做企业和外部初创公司之间的中间人。在开发阶段，Pilot44 将通过寻找、筛选、确定入围名单（比如选定五家初创公司）的方式，最终确认一家初创公司参与最终的试点。

地理优势在哪里

并不是所有的专业机构都能在不同的地理区域产生同等的价值。一些中介机构，包括由以前负责创业项目的管理者创立的中介机构，在北美或欧洲拥有实实在在的优势，而其他一些中介机构则更善于在新兴市场提供服务。在中国，XNode（创新节点）就是帮助跨国企业与当地初创公司建立联系的第三方专业机构。XNode 与法国保乐

力加集团（Pernod Richard）合作，确定通过一家名为 Gin & Tommy
的初创公司，在年轻消费者中推广鸡尾酒。Gin & Tommy 开发了一
个微信小程序，为鸡尾酒爱好者建立了一个社区。而这家法国跨国
企业也成了这家初创公司的企业投资者。再比如，总部位于上海的
ReHub 成功地将以色列初创公司的技术与在中国运营的跨国企业，
特别是零售领域的企业联系了起来。在印度，总部位于班加罗尔的
创业加速器 Kyron 展示了其将企业和初创公司联系起来的能力，以
至于当 Techstars 决定进入印度市场时，它们选择与 Kyron 的母公司
ANSR 合作，实际上就是将 Kyron 转变成了 Techstars 印度区。在南
美，尤其是巴西，也有一家将初创公司和企业联系起来的知名第三
方专业机构，名为 100 Startups。

对于大型跨国企业来说，与初创公司合作时的地域选择非常重
要。本书至此，有好几个例子都表明，对于在多个地区运营的企业
来说，它们大有机会与世界各地的初创公司达成有意义的合作。为
了最大限度地利用它们的全球合作机会，跨国企业不仅应该关注与
世界各地初创公司合作的机会，还应该积极研究不同类型的地区之
间的细微差别。我们接下来将在第 5 章讨论这一话题。

在何处

03
第三部分

Where

第5章

与世界各地的初创公司合作

如今，真正的挑战是如何通过向世界学习来达成创新。由于创新推动增长，那些未能学有所成的公司将被甩在后面。

——欧洲工商管理学院教授伊夫·多兹

• • •

向世界学习

全球性思维，具有包括好奇心强、人脉广以及善于应对不同文化背景的能力等特征，这种思维能够帮助管理者识别与多种环境下的初创公司合作的价值。微软的案例表明，跨越广阔的地域，充分利用世界各地的创业生态系统，有机会获得极高的回报，但也需要投入大量资源和精力。对于正在探究如何建立或加强与初创公司合作事务的国际维度的企业来说，分阶段参考以下三种视角可能会大有助益。

首先，遵循"全球化思维，本土化行动"的口号，虽然企业认识到，与当地初创公司合作可以更好地响应当地需求，帮助自己在海外市场更有效地运作，但它们也应该思考如何调整自己与初创公司的合作方式，以适应当地环境。尤其是对于那些来自发达市场并在新兴市场运营的企业。

其次，遵循"本土化思维，全球化行动"的逻辑，企业应该认识到，可以从以色列等创新热点地区学习新的合作方式，并将其应用至其他地区。此外，企业从国外初创公司获得的各种技术创意也可能适用于其他市场。比如当硅谷初创公司 Crowdz 参与巴克莱的伦敦加速器时，它同时正在积极寻求东亚的市场机会。

最后，结合以上想法，可以考虑站在"全球化思维，全球化行动"这一角度，选择一组地区（包括发达和新兴市场中的热点和非热点地区），并依据这些不同环境的特点制定相应的合作方式。虽然不是每家跨国企业都一定要与世界各地的初创公司合作，但它们还是会接触不同的地域环境。例如，巴克莱在伦敦、纽约、特拉维夫以及南非开普敦都有企业加速器计划。而包括宝马和联合利华在内的几家跨国企业都已经在中国推出了自己的初创公司合作计划。因此，了解跨国企业应该如何以不同的方式，处理分散在全球不同地点的初创公司合作活动，是很有用的。

本章将依次讨论以下三个方面：

1. 全球化思维，本土化行动。

2. 本土化思维，全球化行动。

3. 全球化思维，全球化行动。

全球化思维，本土化行动：调整合作方式

首先，初创公司合作工作的全球化，需要考虑到不同创业生态系统之间的差异，也需要对初创公司的合作方式进行适当的本土化调整，就像许多跨国企业不得不在海外大幅调整其产品一样。其中最需要调整的情况之一，就是当合作方式从发达市场引入新兴市场时。

当来自中国和印度的初创公司在 2015 年 IBM 创业家全球训练营（IBM Global SmartCamp）大赛中大获成功时，这些新兴市场的创业生态系统显然吸引了全球跨国企业的注意。当年那场比赛的获胜者是 Insight Robotics（视野机器人公司），一家总部位于香港的初创公司，它开发出了一种依靠机器人辅助救火的自动检测系统。另一家入围决赛的是 Stelae Technologies，这是一家总部位于班加罗尔的人工智能初创公司，该公司后来还参与了空中客车 BizLab 全球航空航天加速器。在我与香港 Insight Robotics 的 CEO 陈嘉浩（Kevin Chan）和班加罗尔 Stelae Technologies 公司的 CEO 阿鲁娜·施瓦茨（Aruna Schwarz）的交谈中，我清楚地看到，这两家亚洲初创公司的创始人在这个过程中发展出了深厚情谊，并为彼此的成就感到高兴，他们觉得，聚光灯正理所当然地转向东方。

尽管前人取得了令人瞩目的成就，但其实（对于企业来说）新兴市场和与初创公司的合作一样，同时具有吸引力和挑战性。而且，各个新兴市场之间也存在差异。首先，政策重点可能有所不同。例如，在中国鼓励大众创业的时候，南非却专注于为黑人社区和创业者赋权。其次，市场规模大小也各不相同。中国和印度等大型新兴市场的创业量远远超过了较小的市场。此外，不同的市场有不同的技术特长，在某些领

域（例如中国的无人机技术），其专业水平可能与发达市场不相上下。

尽管如此，这些新兴市场在机遇和挑战方面，确实大致上有些相似之处。从国家和公司层面分别考虑机遇和挑战，会得到以下四个重要因素。

1. 国家层面的挑战：创业生态系统并不成熟。

2. 国家层面的机遇：对创业的兴趣。

3. 公司层面的挑战：跨国企业的"局外人"身份。

4. 公司层面的机遇：新兴技术近在咫尺。

了解这四个因素（见表 5-1）有助于企业确定其初创公司合作战略和方式在新兴市场需要做出的四种相应调整。

表 5-1　在新兴市场与初创公司合作：机遇和挑战

	挑战	机遇
与国家相关的因素	创业生态系统不成熟 （战略：弥补）	对创业相当感兴趣 （战略：对投入的承诺）
与公司相关的因素	对于新兴市场的初创公司来说，跨国企业是局外人 （战略：拉拢）	对于在新兴市场中的跨国企业来说，新兴技术近在咫尺 （战略：共同创新）

弥补生态系统的不成熟

在新兴市场，企业所面临的国家层面的一个关键挑战是解决创业生态系统相对不成熟的问题。下一个因素中将会提到，在班加罗尔和深圳等新兴市场的领先创业生态系统中，时常会出现许多令人兴奋的新进展。然而，跨国企业往往会发现自己经常要与首次创业的人打交道（不像在硅谷或以色列，那里有更多的创业者曾在多家初创公司工作过）。而且，新兴市场的体制环境容易存在缺陷，包括缺乏市场中介机构或在产权方面的限制。此外，企业在当地做生意的便利性也并不十分理想。

　　在这样的情况下，跨国企业通常必须更加努力地识别高质量的初创公司，并努力提供更多支持。例如，微软南非的管理者就在BizSpark 计划的美国及国际其他地区的标准框架之外，为该计划增加了更多的支持性内容，使其适应南非市场。通过与当地提供的旨在提升筹款能力的计划结合，这些管理者能够为自己的初创公司合作计划增加比平时多得多的指导支持，这被视为弥补创业生态系统不成熟的一种重要方式。此外，IBM 在其全球创业计划的中国版本中，增加了某些模块，提供额外的技术教育投入和指导。在印度尼西亚，Facebook启用了一处名为 Linov（Lab Innovation Indonesia[⊖]）的免费场所，旨在为创业生态系统中的技术开发人员和创新者提供协作学习的空间。

承诺资源投入，激发生态系统能量

　　在许多新兴市场，一个来自国家层面的机遇是对创业的巨大兴趣，这通常来源于政策支持。自"大众创业、万众创新"相关政策发布以来，中国初创公司的迅速崛起就是一个很好的例子。随着大规模风险投资的出现，大批初创公司积极在中国市场寻求增长空间，催生了数量仅次于美国的独角兽公司（即估值 10 亿美元或更高的初创公司）。尽管初创公司最初疯狂增长的势头已经放缓（或者换句话说，投资者似乎对初创公司的能力水平变得更加挑剔了），但很有可能的是，即便在新冠疫情的影响下，在可预见的未来，中国和印度等新兴市场仍然会源源不断地诞生创业机会和初创公司。

　　跨国企业可以通过优先开发新兴市场来响应这一机遇。正如前面所见，当微软加速器计划启动时，第一批加速器中的两个就设在班加罗尔和北京。后来，微软加速器才在伦敦等发达市场地区启

　　⊖　意为"印度尼西亚创新实验室"。——译者注

动。同样在印度，微软还推出了一项名为"加速合作伙伴"（partner in acceleration）的计划，以帮助其他参与者，包括微软的主要客户，开展它们自己的初创公司合作活动。这项计划的成果之一，是 GenNext Innovation Hub⊖的建立，这是总部位于孟买的企业集团信实工业有限公司（Reliance Industries Ltd.）和微软共同建立的。这些努力表明了微软对位于新兴市场的本地初创公司的承诺和兴趣。在同样见证了创业生态系统巨大能量的其他亚洲新兴市场，Microsoft for Startups 推出了 Emerge X 计划，这是一项具有比赛性质的项目推介活动，是微软"Highway to 100 Unicorns"计划的一部分，该计划的优胜者来自菲律宾、新加坡、斯里兰卡和越南。其他跨国企业在这些新兴市场上也越来越活跃。例如，Unilever Foundry 的初创公司对抗赛（Startup Battle）吸引了 500 多家来自亚洲的初创公司的参与，其中超过 1/3 的公司与联合利华共同开发了试点项目。

拉拢局内人以解决局外人的困境

　　另一个挑战与企业的特性相关，外国跨国企业通常面临着某种局外人劣势。这并不是说这些拥有强大全球品牌的企业没有自己的声望，而是说，与本土企业相比，它们并不是那么容易融入当地环境并形成深厚的关系网络。尤其是在中国这样的新兴市场，中国的企业生态系统中有一些与主导大多数西方市场的巨头截然不同的大型企业。此外，外国跨国企业可能需要满足来自不同利益相关者的更高标准的要求，而且，它们还面临一种挑战，就是企业总部不能完全掌握其新兴市场子公司的高管所面临的实际情况。

　　⊖　意为"新一代创新中心"。——译者注

应对局外人挑战的一种方法是，跨国企业可通过拉拢当地的"局内人"，来帮助自己与当地初创公司建立联系。如前所述，一些专业中介机构在某些市场拥有强大的关系网络，企业可以有效地加以利用。在塔吉特的案例中，当它在班加罗尔开设第一家加速器时，便与印度专业机构 Kyron 合作（Kyron 后来成为 Techstars 在印度的分部）。另一个例子是，亚马逊 AWS 云服务与中国的 Dream T 孵化器的合作。Dream T 促成了多项涉及 AWS、自己和地方政府的三方协议，在中国各地建立了多个初创中心。通过这种方式，亚马逊（被阿里巴巴云服务在中国的主导地位放大的）的局外人身份，不仅可以通过拥有本地合作伙伴来淡化，还可以通过与当地政府的密切联系来消除。

与初创公司共同创新以获取新点子

从好的方面来说，由于是局外人，跨国企业便可以看见很多对它们来说颇为新颖的技术和想法。虽然在通常情况下，发达市场拥有更优越的技术，但由于发达市场和新兴市场面临的制度环境不同（例如，对隐私的看法略有不同），新兴市场中的公司在发展某些特定技术（如二维码等）方面可能取得了更大的进步。此外，由于这些公司过去都不得已要应对相当大的资源限制，而且无法随时获得高质量的投入，其中一些公司已十分懂得如何花最少的钱做最多的事，这种创新方法被描述为节俭式创新，同时这些公司也很善于利用当地现有的饮食方式开发新产品。

举个例子，百威英博（AB InBev，百威啤酒酿造商）试图利用一种数字解决方案增加顾客参与度。马丁·苏特（Martin Suter）当时是百威英博驻上海的一名高管，他带领百威英博与当地初创公司

ConvertLab 合作，试行了一种数字解决方案，顾客可以扫描啤酒瓶盖下的二维码参与活动，最忠诚的顾客将在生日当天获得一瓶免费啤酒。

这使得（得到数字解决方案的）企业和（得到大客户的）初创公司通过共同创新实现双赢。在另一个例子中，星巴克与印度尼西亚的一家生产植物基食品的初创公司 Green Butcher 合作，在该地区提供素食"牛肉"产品——这是当地独一无二的创新。

这些例子凸显了，与当地初创公司合作可以帮助大型企业更好地进行本土化以及满足消费者需求，在上述百威英博的例子中，企业便是通过与初创公司合作，来应对数字世界中不断变化的消费者行为的。共同创新所产生的新想法，同样也可以应用到跨国企业的其他市场中。在百威英博的例子中，这家跨国企业不仅开发了在其他市场难以获得的新数字能力，而且还能够利用其新能力（尽管应用方式不同），使用二维码在巴西推广其重点啤酒品牌。在世界各地的创新热点地区，应用新合作方式和技术创意的可能性会更大，下面即将讨论这一点。

本土化思维，全球化行动：应用新合作方式

跨国企业可以通过世界各地的创新热点地区，将来自远方的合作方式进行全球化应用，并从中受益（见表 5-2）。无论是在发达市场还是新兴市场的创新热点地区，如硅谷、以色列，中国的北京、上海和深圳，以及印度的班加罗尔或海得拉巴，大型企业都有机会采纳新的做法和想法。

表 5-2　在企业与初创公司合作当中利用创新热点地区

	发达市场创新热点地区	新兴市场创新热点地区
技术型企业	可以发起全球计划，且合作计划的全球领导权可以设在硅谷和以色列等地，以表明对初创公司的重视（例如富士通、英特尔、微软、SAP）	有机会挖掘出非常适合新兴市场的技术；有进行反向创新的可能（例如高通）；也可以发起全球计划（例如瑞士再保险）
传统企业	即便是传统企业，也已在硅谷和以色列找到了关键计划或参与关键计划的人员，以"物色"有潜力的初创公司（例如拜耳、福特）	传统企业也可能会发现与当地相关的新技术（如百威英博），在某些情况下，甚至会在发达市场中为这些技术找到用武之地（如沃尔玛、瑞士再保险）
第三方中介机构	有许多第三方中介机构将自己定位为企业和硅谷初创公司之间的中间人（例如 Plug and Play、Silicon Foundry、Pilot44），或者企业和以色列初创公司之间的中间人（例如金融科技领域的 The Floor）	当地有一些洞悉本土背景环境的专业机构（例如中国的 XNode 和 Chinaccelerator，印度的 THub 和后来被 Techstars 收购的 Kyron，巴西的 Open 100 Startups 等）

利用发达市场的创新热点

在研究中，我有幸在各种有趣的创业生态系统中遇到了不同的管理者和创业者。硅谷显然是最值得研究的地方，尽管人们担心硅谷的公司会大量外流至其他地方（比如得克萨斯州），但很明显，这个地区一直都是创新和创业的最强"发动机"。当我将 2008 年和 2018 年在硅谷进行的现场采访（以及更长时间跨度内的几次远程采访）进行比较时，我发现创业者对成功的渴望没有一丁点儿减弱，一个明显的不同点在于，Plug and Play、Silicon Foundry 和 Pilot44 等以在企业和初创公司之间牵线搭桥为主业的公司的崛起。此外，到目前为止，包括非美国跨国企业在内的许多企业都选择了从硅谷开始发展它们的初创公司合作事业，并在那里建立"探察小组"或

"创新前哨"。

来自硅谷之外的企业长期以来都在这个创新热点地区寻找灵感，并从加利福尼亚州的帕洛阿尔托等地开始与初创公司建立合作。企业越来越愿意与第三方专业机构甚至竞争对手联手，只为接触更多以硅谷初创公司为代表的多元化人才资源。对于作为局外人的非本土企业来说，硅谷地区具备远离总部的优势，避免了不必要的干扰，但同时它又足够重要，足以向所有相关受众发出信号，表明企业是以严肃认真的态度与初创公司合作的。

当然，选择硅谷也面临着挑战。从人力成本和房地产成本的角度来看，在那里运营并不便宜。此外，还有一个风险，那就是企业很容易陷入形式化的创新，而不是取得真正有意义的进展。而且在硅谷，为了赢得初创公司和其他相关参与者的心，各大企业之间进行着激烈的竞争。不过，关键是要认识到，除了使初创公司合作计划具备正当性外，利用硅谷这样的地点，能够让企业接触顶尖的初创公司，以及与生态系统合作的专业知识。例如，企业不但有机会与第三方专业机构合作，还可以接触像富士通 Open Innovation Gateway 这样的企业创新计划。通过这些互动，企业或许可以更有准备地加快与初创公司合作的"发起"进程。微软和 SAP 的情况就是如此。而且拜耳也认为，当年将其 G4A 计划的情报部门设在硅谷是明智之举。

另一个在全球企业与初创公司合作版图中具有影响力的标志性地点是以色列。这个拥有世界上最具活力的创业生态系统之一的"创业王国"，也吸引了许多跨国企业去当地建立研究部门、探察小组或创新前哨。由于许多以色列初创公司在发展壮大之前就已被大

型企业收购，企业管理者和初创公司创业者都热衷于相互交流，而
各种将企业和初创公司联系在一起的中介机构的崛起使这一点成为
可能。重要的是，以色列的内部创业者对许多企业的初创公司合作
工作产生了深远的影响。扎克·韦斯菲尔德就是其中的代表。除了
推动微软的全球加速器计划外，他后来还对英特尔也产生了类似的
影响。有趣的是，一直以来，英特尔都是在以色列获得成功的跨国
企业的典型范例，并在《创业的国度》（*Startup Nation*）一书中被重
点介绍。此外，它的企业风险投资部门一直是（就财务回报而言）
最成功和最多产的初创公司投资者之一。然而，韦斯菲尔德却能够
说服英特尔参与非股权合作，采用与微软开创的模式大体一致的方
式，并在以色列建立了一个新的加速器计划——英特尔 Ignite。该
计划随后在美国（得克萨斯州奥斯汀）和欧洲（德国慕尼黑）分别建
立了加速器。

　　世界各地的创业者都对以色列创业者的优异成绩感到好奇，并
希望向他们学习。人们最常听到的一种解释是，以色列创新的动机，
来源于事关生存的地缘政治威胁，它促使以色列在网络安全等领域
发展出了尖端技术。我在耶路撒冷希伯来大学（Hebrew University
of Jerusalem）遇到的大卫·梅谢洛夫博士认为，以色列人创业精神
的根基，在于其内心深处与生俱来的好奇心，以及去接受巨大智力
挑战的意愿。的确，这种勇于挑战现状的行为，在我多年来与以色
列创业者打交道的过程中体现得淋漓尽致。

　　尤其引人注目的是，以色列对企业创新实践的影响一直无处不
在，就比如在企业与初创公司合作方面。不光是微软和英特尔等科
技巨头会将其知名初创公司合作活动延伸到世界其他地区，许多传

统行业的企业也首先在以色列建立了企业加速器，然后再选择其他地方开设其他加速器。在以色列，企业管理者和创业者对于合作的兴趣非常浓厚，以至于我在以色列的一次调研之旅中了解到，一家澳大利亚初创公司正在与一家美国跨国企业就一个潜在的合作项目进行深入谈判——这种情况在以色列发生的可能性远远高于在该初创公司的母国。此外，医院中重视数字创新的范例——世界知名的特拉维夫舍巴医疗中心（Sheba Medical Center）等机构，也都在积极寻求与初创公司的合作，以提高医疗效率。

关于其他发达市场的创新热点，值得注意的是，欧洲创业生态系统主要包括伦敦、柏林和慕尼黑。拜耳在柏林启动的 G4A 计划和位于慕尼黑的宝马初创车库证明了这些地点的重要性，尽管在这两个案例中，企业都做出了巨大努力来吸引更大地域范围的初创公司。联合利华创想 + 总部所在的伦敦，则取得了令人瞩目的成就，它展示了各利益相关者是如何通过共同努力培养创业生态系统的。当然，由于历史和环境的原因，伦敦拥有一些巨大的优势，并且这些优势难以被复制。但现实表明，只要一个地区被充分利用来建立创业生态系统，那里就会出现巨大的企业与初创公司合作的可能性。西班牙跨国企业西班牙电信在加里·斯图尔特的领导下，通过其在伦敦的 Wayra 加速器展示了这一点。巴克莱也通过与 Techstars 合作，在伦敦（和其他地方）推出了一款名为 Rise 的高效加速器。巴克莱的加速器计划吸引了来自世界各地的初创公司。例如，总部位于硅谷的初创公司 Crowdz 就是其伦敦加速器的班级成员，该成员在毕业后继续与其合作。

以上这些绝非发达市场创新热点地区的全部名单，关键在于，有几个热点地区已经引起了那些寻求与初创公司合作的企业的关注。

利用新兴市场的创新热点

尽管发达市场很重要，但可以说，移动和云计算时代的大事件，还得是新兴市场创业生态系统的崛起。班加罗尔和北京中关村长期以来都是跨国企业的研究机构所在地，随着这些机构强大的知识外溢，以及包括硅谷精英在内的西方高素质人才的回归，一场初创公司革命已经开始。当然，上述地区并不是其所在市场中唯一重要的地区。例如，在中国，深圳（凭借其硬件方面的专业知识）已经可以与北京的中关村（软件公司的长期驻地）相媲美，获得了"中国硅谷"的称号。杭州随着总部设在该地的阿里巴巴的崛起，成了又一个催生出大量初创公司的中国城市。在与新兴市场创新热点地区的初创公司共同创新的过程中，跨国企业可能会意识到，其获得的一些新技术可以在其他市场得到利用，从而产生维杰伊·戈文达拉扬（Vijay Govindarajan）教授所说的"逆向创新"（reverse innovation）的可能性，即首先在新兴市场开发创新方法，然后将其出口到发达市场（与传统的创新流动方向相反）。

中国和印度等新兴市场的创新热点地区为企业提供了获取新想法的机会。以沃尔玛中国的 Omega 8 计划为例。沃尔玛的霍斯博（Ben Hassing）是我在研究中遇到的会认真对待与初创公司合作的那一类企业管理者：他善于沟通，与不同类型的人都能相处融洽。霍斯博于 2015 年移居中国，在塑造沃尔玛在中国市场的数字战略方面发挥了重要作用。在霍斯博的领导及子公司领导层的大力支持下，沃尔玛还制订了一个合作计划，与具有创新力的中国初创公司合作，帮助沃尔玛改善在中国的客户体验。来自中国的雷浩（Andy Lei）——霍斯博门下一位充满活力、年轻有为的管理者，推动了名为 Omega 8 的新计划。

这一合作计划允许这家零售巨头对中国初创公司进行鉴别并开展合作，合作初期是一个为期 60 天的概念验证（PoC）项目，如果前景一片向好，就将进行试点，然后大规模部署。最重要的是，每个 PoC 从一开始就会与企业中的一个业务单位（BU）一起开发，因此，PoC 针对的是真正的痛点或机会。在这项工作当中，霍斯博和雷浩找到了一位盟友，他就是微软中国负责初创公司合作事务的主管周健。（微软是沃尔玛的全球战略技术合作伙伴。）周健为沃尔玛组织了一场周末黑客马拉松，参与活动的是一小批经过培训的初创公司，其中大部分是微软加速器的"校友"，微软加速器为沃尔玛提供了最初可供合作的初创公司资源。

Clobotics 就是一个例子，其支持人工智能和物联网的产品使得零售商能够获得实时、动态的市场数据，这家初创公司最终通过上述计划与沃尔玛达成合作。另一家中国的人工智能初创公司帮助沃尔玛解决了一个店内痛点。当顾客购买散装蔬菜和水果时，购物过程往往很麻烦：他们必须把产品放在塑料袋里，然后再拿到指定位置称重（这可能需要排队），然后贴上从称重的服务员那里获得的价格标签。这家初创公司通过图像识别技术解决了这个问题，该技术可以在称重机的屏幕上显示水果和蔬菜的图像，而顾客可以使用一键解决方案，点击对应图像就会从称重机上打印出一个价格标签。有趣的是，沃尔玛对这家初创公司的技术十分欣赏，以至于又与这家初创公司在针对美国市场的另一个问题即监控店内盗窃上进行了合作。这是一个通过与初创公司合作实现逆向创新的有趣案例。

沃尔玛全球 CEO 董明伦花了 90 分钟了解 Omega 8 计划和包括那家解决散装蔬果称重问题的公司在内的三家初创公司范例表明，沃尔玛中国的相关合作举措已经获得了全球的关注。

思科在印度的 Cisco LaunchPad 为如何利用新兴市场创新热点提供了另一个例子。Cisco LaunchPad 于 2016 年在班加罗尔启动，同年印度政府启动了 Startup India 计划。思科公司工程副总裁克里希纳·孙达雷桑（Krishna Sundaresan）说："在 Cisco LaunchPad，我们提供的是将初创公司推向市场的销售专长，同时也为（初创公司）提高产品扩展和部署等工程核心竞争力提供指导。"经过严格挑选的八家初创公司将获得为期六个月的支持。它们涵盖三个领域：企业技术、数字化 / 物联网和未来技术。最后这一类别的一个来源是大学衍生公司，如空间技术领域的 Astrome Technologies（出自印度科学学院）、LiFi 连接领域的 Velmenni（出自印度理工学院德里分校）和量子安全技术领域的 QNu Labs（出自印度理工学院马德拉斯分校）。

Cisco LaunchPad 不持有初创公司成员的股份，并会通过行业内和自己企业的活动（如 Cisco Live）来展示这些初创公司，为它们提供支持。管理 Cisco LaunchPad 的斯鲁希·坎南（Sruthi Kannan）毫不费力地举出了经过该项目加速的五批共 40 家初创公司中的许多范例。其中包括与希腊卫生部合作的 Teslon，成为 SAP 和 WhatsApp 的合作伙伴的 Yellow Messenger，还有 Cloudphysician，这家公司的远程重症监护（ICU）解决方案，通过为印度穆扎法尔布尔镇的当地医院提供建议，助该院完成了一项从未尝试过的干预措施，挽救了一名 13 岁少年的生命。对于坎南来说，这种影响比初创公司的估值更为重要。她表示："我们感兴趣的是能够创造 10 亿美元价值的初创公司，而不是 10 亿美元的估值。"

与中国和印度初创公司合作：相似与差异

尽管中美贸易关系紧张，但许多在中国运营的跨国企业都已经意识到，充分利用包括初创公司在内的当地公司日益增加的创新活动，可以带来巨大的潜力。在另一个大型新兴市场，跨国企业也在积极寻求与创业生态系统的沟通交流，那就是印度。塔夫茨大学弗莱彻学院（Tufts University Fletcher School）的一项研究表明，这些市场已出现了数字化的大趋势。本书多个例子表明，在某些情况下，企业会选择将其全球初创公司合作计划带到这些市场（例如，拜耳带到中国上海的 G4A 加速器计划），或在那里创建新的计划（例如，在印度班加罗尔创建的 Cisco LaunchPad）。事实证明，非洲、亚洲和拉丁美洲的其他几个新兴市场也引起了人们的极大兴趣，但还是中国和印度拥有最大的创业生态系统。因此，对于寻求在全球范围内与初创公司合作的跨国企业来说，这些市场仍然是至关重要的。

中国和印度的市场情况反映了两个重要因素的影响，经济地理学家将其称为"管道"，以及人际关系，或称"人"。"管道"代表着与大型跨国企业的联系，比如 IBM、英特尔和戴尔等企业在班加罗尔和北京建立的销售或研究子公司。而"人"指的是"海归"，也就是那些曾在国外求学和就业的归国人才。由于个人原因或对于在新兴经济体充满活力的环境中探索新机会的兴趣，这些归国人士往往是技术和商业诀窍的重要来源。当微软在上海开设加速器时，首批初创公司的联合创始人中就有许多是海归，他们大多来自名牌大学和公司，对此我并不感到惊讶。

把"管道"和"人"的概念结合在一起，就是"管道内的人"，比如海归，他们扮演着一个重要角色，即跨国企业子公司在这些外国生态系统的当地负责人。这些人可以成为当地初创公司与大型跨国企业之间的重要桥梁。Skelta 是首批与微软密切合作的班加罗尔初创公司之一，它之所以能够在美国市场与这家跨国企业密切合作，是因为微软印度的本土管理者能够将 Skelta 与微软在美国的其他管理者（有的是印度裔）联系起来。当然，管理者来自同一种族并不意味着合作就一定会发生，但这可能有助于建立融洽的关系，使沟通变得顺畅。在西方跨国企业逐渐认识到新兴经济体创业生态系统的重要性，并利用这些生态系统的过程中，这些管道内的人发挥了重要作用。

不过，尽管中国和印度作为大型新兴经济体，两者确实有一些共同的特征，但它们更应该被对比研究，因为两者之间有一些重大差异值得思考。

首先，主导当地商业环境的主要科技巨头是不同的。中国的互联网由百度、阿里巴巴和腾讯主导，虽然它们最初可被视作中国的谷歌、亚马逊和 Facebook，但它们各自发展成了非常庞大、复杂的组织。虽然 IBM、微软和 SAP 等西方科技巨头在中国确实也算举足轻重，特别是在提供企业解决方案方面，但在移动互联网领域占据主导地位的，依然是本土企业。相比之下，在印度，"印度的 Facebook"就是 Facebook，"印度的谷歌"就是谷歌。换句话说，在西方世界中主导互联网的那些全球巨头，也是印度市场的主导者。这意味着，与中国初创公司合作的跨国企业必须认识到，自己的合作伙伴更有可能使用阿里巴巴的云服务，而不是亚马逊的云服务，并倾向于与西方跨国企业和中国本土巨头都建立联系。从这个意义上说，与大多数其他市场相比，在中国，想要获得初创公司合作伙伴，跨国企业需要参与更大范围的竞争。但这不一定是零和博弈，因为初创公司有方法可以与许多"大猩猩"共舞，而不会引发利益冲突，比如，与不同的伙伴就不同的重点进行合作。

其次，在中国，政府在制定企业所遵循的国家优先战略方面发挥着重要作用。与初创公司的合作如果能反映出国家优先战略内容，合作可能会更有成效。默克公司在广州国际生物岛开设了一个创新中心，依靠的是一项旨在促进粤港澳大湾区发展的政策。

在印度，不同的邦政府在促进创新和创业方面确实有着不同的侧重点和战略，其中也有一些政府因其积极主动的努力脱颖而出，比如在特伦甘纳地区（Telengana）由拉维·纳拉扬（Ravi Narayan，曾任职于 Microsoft for Startups）担任 CEO 的 T Hub 孵化器就是当地政府努力的成果。然而在中国，许多跨国企业都积极参与了上海张江技术产业开发区（国家级大型高科技园区）负责建立的"跨国界"孵化器，而在印度，扮演这样牵头角色的也可能是私有贸易主体。随着时间的推移，中国地方政府在其创新和创业政策中形成了一种独特的风格或重点，跨国企业如果要成功进入中国的创业生态系统，就必须抓住这一细微差别。

最后，尽管许多初创公司确实渴望走向国际，但在中国，初创公司往往高度聚焦于国内市场，而这并不令人意外，因为中国市场十分广阔。虽然印度无疑也有队伍不断壮大的中产阶层，但我在研究中发现，许多创业者自然而然地倾向于在海外寻找机会，包括西方市场。因此，与中国初创公司合作的跨国企业似乎感受到了中国国内市场的一种"地心引力"，与此同时，印度初创公司可能正在积极寻求与跨国企业的其他部门接触，以此作为自己走向全球化的一个途径。在我的研究初期，我对微软与中国和印度的初创公司合作的最佳案例分别进行了比较。在中国的案例中，才华横溢的计算机科学家祁国晟在北京创立了一家名为国双科技的初创公司，该公司在中国有许多关系密切的合作伙伴，其主要市场也在那里。相比之下，正如之前提到的，在海归创业者桑杰·夏哈的领导下，总部位于班加罗尔的 Skelta 将自己与微软起源于印度的关系继续加以利用，成功进入了海外市场。这并不是说中国初创公司不想实现或没有能力实现国际化，而是说它们的国内市场如此独特和广阔，因而它们高度关注本地市场也是可以理解的。对于在这两个市场与初创公司合作的跨国企业来说，合作的轨迹可能会略有不同。

* * *

总而言之，要使"本土化思维，全球化行动"战略奏效，企业在当地的子公司中被授权的领导者必须积极行动，全球总部亦需要足够谦逊，要认识到自己并不是无所不知、无所不晓的，要给当地子公司足够的空间发挥其创业精神。

全球化思维，全球化行动：找到匹配的合作方式

当企业同时推行上述"全球化思维，本土化行动"与"本土化

思维，全球化行动"战略时，它们可以通过由点到面的形式，将不同本土化行动进行全球连接，来提升它们与初创公司合作的成果。前面两节各强调了一组（不同城市或地区之间）特定地区背景环境之间的差别。第一组是发达市场和新兴市场之间的差别（在"全球化思维，本土化行动：调整合作方式"一节中讨论），第二组是创新热点和非创新热点之间的差别（在"本土化思维，全球化行动：应用新合作方式"一节中讨论）。

关于新兴市场与发达市场，正如前面所述，新兴市场需要企业做出调整，因为在那里，与巨大的增长机会相随的，是较弱的制度环境，比如不太成熟的创业生态系统和知识产权制度。对这个差异做个总结，那就是，在新兴市场背景环境下与初创公司合作的协调成本，要比在发达市场高。

至于创新热点和非创新热点的差别，前面提到企业可以从创新热点中获取新的做法和想法并加以应用。创新热点地区，例如Startup Genome⊖报告中涵盖的创业生态系统，如硅谷、以色列、班加罗尔、北京、柏林和伦敦等，它们与非创新热点地区的不同之处在于，在热点地区更容易接触既擅长技术又擅长创业的公司。在创新热点地区，吸引合适的合作伙伴要更容易，也就是说，获得合适的初创公司合作伙伴的搜寻成本更低。

将这两个方面的差别纳入考量，我们可以得到合作地区的四种类型：

1. 发达市场创新热点地区。

⊖　意为"创业基因"，是美国全球性的创业生态系统领域第三方研究咨询机构。——译者注

2. 新兴市场创新热点地区。

3. 发达市场非创新热点地区。

4. 新兴市场非创新热点地区。

可以看到，以班级式或漏斗式为基础的交流平台合作模板，在新兴市场创新热点地区可能需要进行调整，以应对更高的协调成本。这可以被认为是促进式（facilitative）模板和指导式（directive）模板之间的区别。在发达市场，由于强大的制度条件，促进式的合作方法就已足够了，而在新兴市场，往往需要更多指导式的方法，例如更多刻意的手把手的引导。话虽如此，但从很多例子可以看出，企业无论与发达市场的还是新兴市场的创新热点地区初创公司合作，都可以取得互惠互利的成果。

本书中使用的许多企业与初创公司合作的例子都来自发达市场创新热点。微软的 BizSpark One 计划和 SAP 的 Startup Focus 等全球计划都由硅谷的团队管理。联合利华创想＋计划的总部设在伦敦，那里也是一个创新热点。这些地区代表了一种"理想"情况，就是在一个制度强大的环境中，能够接触大量的初创公司。这使企业能够以一种相对宽松的、促进式的方式来组织协调创业生态系统，从而让外部初创公司与大型企业内部的相关参与者聚在一起的时候发现机会。这并不是说，在上述"理想"情况下达成合作的过程是毫不费力的（事实上，本书的主要论点是，企业与初创公司的合作是十分费力的），而是要强调，在创新热点地区促进合作虽然相对容易，但这种容易并不一定会在其他类型的地区出现。

本书也展示了在新兴市场创新热点地区企业与初创公司合作的许多成功案例。然而，正如本章中提到过的那样，新兴市场中，由于创业生态系统的相对不成熟（尽管伴随着巨大的增长和合作兴趣），企业可能需要更严格的方法来组织协调创业生态系统。也就是说，可能需要企业加大对初创公司的扶持力度，特别是在跨国企业将初创公司合作活动推向新兴市场的早期。当拜耳将 G4A 创业加速器带到上海时，它亲力亲为地提供了许多指导支持，当时的拜耳中国区总裁朱丽仙（Celina Chew）也积极参与其中。

同样，当 SAP 在亚太地区推出 Startup Focus 计划时，其班加罗尔的管理者们评论说，初创公司在市场进入阶段需要更多的扶持。这并不是说新兴市场的初创公司在某种程度上不如发达市场的初创公司，事实上，中国和印度逐渐出现了一些非常成熟的初创公司，它们中的许多联合创始人都是从硅谷归来的人。而是在说，新兴市场很可能将不得不继续应对哈佛商学院教授塔伦·坎纳指出的制度问题，因此，企业提供额外的支持或参与仍将是一件明智的事情，同时，企业要多多利用各个新兴市场的创业热情。

到目前为止，大部分讨论都与创新热点地区有关。那么发达市场和新兴市场的非创新热点地区又如何呢？虽然大多数企业将其创新活动限制在创新热点地区，但某些高度全球化的企业很可能也曾在非创新热点地区设立了子公司，或者受到当地政策（即鼓励外国直接投资）的吸引。

IBM 就是这样一家全球性企业。除了在伦敦和上海等创新热点地区设有子公司外，它还在非创新热点地区设有子公司。该企业历史最悠久的一家外国子公司成立于英国的一个非创新热点地区，格拉斯哥附近一个名叫格里诺克（Greenock）的小镇。该企业最年轻的一家子公司是设立在中国浙江省宁波市的一个研究单位。虽然浙江省省会杭州是一个创新热点地区（阿里巴巴总部所在地），但宁波不是。然而，IBM却能够成功通过这两家子公司接触创新型初创公司。

　　它是如何做到的呢？答案是通过专门设计的（而不是基于模板的）交流平台，且这些交流平台是与当地具有创业精神的政策制定者合作开发的。基于模板的班级式或漏斗式平台搭建方法，通常适用于创新热点地区，但在没有大量创新型初创公司的非创新热点地区，似乎有必要专门设计一种方法，且通常需要与外部参与者进行合作。而且，这些外部参与者很可能是"非市场参与者"，如地方政府，它们肩负着在当地环境中促进创新的使命，且愿意采取具有创业精神的行动。因此，如果非创新热点地区的一些初创公司确实对大型企业而言具有珍贵的互补能力，企业可能需要通过特殊的机制才能找到它们，就像找到难以开采的矿石一样。虽然地方政府在创新热点地区也可以发挥作用，但在非创新热点地区，地方政策的作用可能格外重要，而且，当地方政府展示出具有创业精神的行为时，也会大有帮助。

　　苏格兰技术与合作（Scottish Technology & Collaboration，STAC）是一个公共政策类型的合作计划，它的出现很好地说明了什么是在发达市场非创新热点地区内专门设计的交流平台。这项计划是由总部位于格拉斯哥的苏格兰经济发展机构——苏格兰工商委员会（Scottish Enterprise）和软件行业贸易机构ScotlandIS共同建立的。设立像这个计划一样的"可信的中间人"以帮助跨国企业与当地初创公司建立联系的想法，最早是由太阳微系统公司（Sun Microsystems）苏格兰子公司的一位管理者提出的，并得到了IBM

等其他跨国企业以及当地小公司的广泛支持。该地区像太阳微系统公司这样的跨国企业的子公司热衷于提升自己的创新能力，以说服美国总部为自己分配更多高端的工作，而不是正在被转移到成本较低地区的制造类工作。

这些跨国企业热衷于挖掘苏格兰的工程人才，包括当地初创公司的人才。对于当地公司来说，与跨国企业合作以扩大创新规模的机会也很有吸引力。但非创新热点地区通常缺乏足够多的初创公司，也缺乏便捷的寻找合作伙伴的渠道，如硅谷的众多加速器，因此，这样的政策类计划可能有助于促成企业与初创公司的合作。此外，像 STAC 这样专门设立的"中间人"能够让大型跨国企业相信当地合作伙伴的水平，同时让后者相信前者的善意。这样一来，双方的焦虑可以通过这个可信的中间人来缓解，而该中间人也明确地负责将大企业和小公司联系起来。在一个案例中，太阳微系统公司将其硬件能力与当地一家软件初创公司的软件专业知识结合起来，共同开发了一款新产品原型，并成功地向潜在跨国企业客户展示了这一原型。

企业在新兴市场的非创新热点地区还面临着进一步的挑战，因为除了缺乏足够数量的初创公司外，还存在着制度上的不成熟。然而，这里也可能出现有趣的合作伙伴关系，特别是当有富有创业精神的地方政府以创造性的方式指导这一合作过程时。我在研究中遇到的一个有趣的例子是在中国宁波。在那里，地方政府采用了与前面提到的 STAC 案例略有不同的方法，通过利用现有的政策方案——宁波市智慧城市建设规划，帮助大型跨国企业和当地初创公司创造了接触的机会。

　　智慧城市建设规划旨在通过提供数字服务来改善当地市民的生活，整个规划被分成几个大的部分，每一部分都委托给了一家企业。第一个招标的是智能物流，市里与 IBM 签订了合同。这意味着这家跨国企业现受聘在该市建立一个研究部门。然而，很明显，没有一家企业能够独自交付一整个项目，它必须与当地公司合作，而在宁波，这些公司主要是初创公司。在这个过程中，IBM 最终与宁波智慧物流科技有限公司以及物联网领域的其他初创公司密切合作，开发了一个智能物流解决方案，并展示给了 IBM 高管，包括一名来自美国的高管。

　　由此，我们就确定了四种类型的合作战略，如表 5-3 所示。基于世界不同地区的细微差别而采用一种组合式的方法，可以将人们的注意力吸引到相对容易被忽视的地区，而这些地区所能提供的东西，可能会比表面看起来更多。当然，这并不意味着一家企业就应该同时活跃在所有地理区域，许多企业根本没有兴趣也没有精力来接触非创新热点地区。但这确实表明，企业应该认真挑选一个地区组合，使其与初创公司合作的全球足迹从整体上符合组合导向，也就是需要根据不同地区的背景环境对合作方式进行匹配。

表 5-3　与初创公司进行全球合作：跨地区战略

	创新热点地区	非创新热点地区
发达市场	在这类企业与初创公司合作的"默认"地区，要应用交流平台模板，以促进式的方法吸引和培养高质量的初创公司合作伙伴	在没有大批初创公司和大量合作活动的情况下，利用公共政策方面的努力将企业和当地初创公司联系起来，可以帮助促成合作
新兴市场	可能需要对合作方式进行调整，以弥补生态系统的不成熟，同时对创业热情之下产生的创新商业模式加以利用	具有创业精神的地方政府创造性地使用现有的政策措施，有助于为企业与初创公司的合作创造出并不显而易见的机会

· · ·

并不是说，表 5-3 中的四种模型就是适用于每一类地区的唯一模型，这绝不是我想表达的。用这种整体分析的方法来确定企业进行合作的地区组合旨在让人们注意到这样一个事实，那就是不论在发达经济体还是新兴经济体中，都有全球化企业在创新热点地区以外的地区开展业务（例如，过去建立的生产制造基地），或者可能考虑在这样的地区开展业务（例如，当地政策制定者为外国直接投资提供了有吸引力的激励措施）。虽然这些外围地区不太可能成为企业与初创公司合作的主流地点，但值得了解的是，在这些环境中也是可以进行卓有成效的合作的，当然前提是地方政府可以提供有创造性和有效的政策支持。

展望新的疆域

需要明确的是，全球性的初创公司合作方式并不适合所有企业。不过，还有最后一个可供考虑的想法，那就是如果企业的全球化思维能将非创新热点地区也纳入考量，那么会将注意力也吸引到仍待开发的地区。这些市场不仅包括大型新兴市场，还包括可能代表着全球企业创新的下一个前沿的市场，并且是有潜力产生积极社会影响的市场。事实上，除了中国和印度等新兴市场之外，非洲很可能会成为下一个创新前沿，这一点从近年来关于研究中心选址和其他形式的投资的公告可见一斑。

在肯尼亚内罗毕的一次调研之旅中，我亲身感受到了这种日益明确的观点，即那里的创业生态系统有相当大的潜力。事实上，几年前，正是一家肯尼亚初创公司赢得了 IBM 创业家全球训练营大赛。微软的 Microsoft4Afrika 计划则是该企业对非洲地区有所重视的一个信号，并为企业与当地创新型初创公司大量接触提供了基础。肯尼亚的情况或许可以代表微软在非洲的大致战略：在社区建设方面进行"广度"参与，在与一部分有前途的初创公司培养合作关系方面进行"深度"参与。

尽管这种"广度"和"深度"的区分在微软与初创公司合作中是一种常见的做法，但是非洲的微软管理者们在对其进行应用时所受的约束似乎更大一些，因为他们原本属于一个主要以销售为导向的部门。因此，在非洲负责初创公司合作工作的管理者们，特别是在 Microsoft4Afrika 计划的框架下，需要努力让自己了解如何才能让企业在非洲大陆现有的优先事项和合作关系发挥出最大效用。正如一位管理者所说："我们经常要和很多人开很多会。"

随着微软在非洲的开发中心（一个在肯尼亚，另一个在尼日利亚），以及在南非的两个数据中心的成立，这种合作的范围将会逐步扩大。成立开发中心的部分意图是将更多的非洲视角引入微软的产品开发，同时似乎也反映了微软与当地生态系统进行更多接触的兴趣。举个例子，微软与光缆供应商 Liquid Telecom 的战略合作关系，成功推动了微软、Liquid Telecom 和初创中心三者之间建立三方合作，例如肯尼亚的内罗毕车库。从开罗到开普敦，微软在整个非洲大陆多个市场都有类似的合作安排。

我在非洲的观察使我意识到，企业与初创公司的合作在为实现联合国可持续发展目标做出贡献方面，具有怎样的潜力。例如，总部位于加纳的数字健康初创公司 mPharma 在该地区与新冠疫情的战斗中发挥了关键作用，此前它曾参与过微软的以色列加速器。在肯尼亚，微软与一家将农民和零售商联系起来的社会企业——Twiga Foods 合作。微软在南非与初创公司合作的早期成功案例之一，就是与 WhereIsMyTransport 的合作，这家初创公司为新兴市场中大多缺乏可靠信息的非正式公共交通网络绘制地图。

　　所有这些初创公司的共同之处在于，它们都具有强烈的社会使命感，这表明，如果做得好，全球范围内的初创公司合作很可能成为一股向善的力量。我们将在第 6 章深入探讨这一美好愿景。

第 6 章

通过与初创公司合作产生向善的力量

那些能够迅速采用 360 度视角，使自己的眼光与员
工、价值链和整个社会变得更加一致的 CEO 们，将能
够带着一定程度的敏感性和人性行事，而那些仍然只关
注狭隘的财务回报的 CEO，是做不到的。

——联合利华前 CEO、IMAGINE 联合创始人兼

董事长　保罗·波尔曼

• • •

为实现可持续发展目标而"与猩猩共舞"

2015 年 9 月，联合国会员国正式通过了 17 个可
持续发展目标（SDG），并预期于 2030 年前实现这些
目标，许多企业都很注重通过帮助实现这些可持续发
展目标来产生社会影响。在新冠疫情暴发之前，就可

以从许多企业的活动中明显看出其希望产生社会影响的意图。虽然在某些情况下，有些企业只是嘴上说说而已，但也有一些企业的领导者高调且明确地表达了他们对可持续发展的承诺，诚意拳拳，毋庸置疑。荷兰皇家帝斯曼集团（Royal DSM）名誉主席菲克·谢白曼（Feike Sijbesma）毫不含糊地表示："实现可持续发展目标，即全球目标，是我们所有人的责任。"可以说，新冠疫情大大提高了有责任感的领导者的这种社会导向意识。联合利华前 CEO 保罗·波尔曼一直主张企业要承担更大的社会责任，他说："从这场危机中走出来的世界将会有所不同……在这个不确定的未来，敏捷性将是一家企业最好的资产……那些不只是考虑下个季度的、能够着眼于大局、表现出同情心和灵活性的企业正走在一条更好的道路上，这显然是有道理的。"

斯堪的纳维亚某商学院的一位教授曾表示，可持续发展目标的高明之处部分在于，它所涵盖的问题中并没有什么全新的东西，它本质上就是提供了一个共有的全球议程，让各方都对此达成某种共识。正如哥伦比亚大学的杰弗里·萨克斯教授所指出的："可持续发展目标已成为世界可持续发展的共同框架……企业、科学界和社会都必须支持实现可持续发展目标。"当然，全心全意的口头支持与全心全意的实际行动之间究竟有多匹配，这是另一回事，不同国家、企业和个人之间的差别很大。但就所谓的议程而言，毫无争议，追求关键的社会、经济和环境成果是具有根本重要性的，例如消除贫困和饥饿（可持续发展目标 1 和 2）、促进良好就业和经济增长（可持续发展目标 8）以及为应对气候变化采取行动，以保护水下和陆地上的生命（可持续发展目标 13、14 和 15）。

　　掌握与可持续发展目标相关的常用词汇是很有用的，因为它迫使政府、组织和个人去估量自己具体是在做什么，例如，自己的行动可以影响哪些可持续发展目标，以及到底是如何影响的。越来越多的社会责任报告会明确强调哪些可持续发展目标正受到影响。可能有些人会对此嗤之以鼻，认为这些都是表面功夫、面子工程，在有些（甚至是许多）情况下，这些人说的倒也没错。但是，如果这些报告是以负责任的态度认真完成的，那么各组织活动和具体可持续发展目标之间的明确关联，对组织内部和外部受众来说，都具有启发性和实用性。

　　此外，掌握这些常用词汇有助于人们认识到，自己对于某个具体可持续发展目标的行动是否与其他人的行动有关。这可以帮助人们做出决定，例如如何加强自己的努力，以匹配他人的努力，或者如何减少某个领域的工作，以避免重复。在联合国系统中，一些机构侧重于某个具体的可持续发展目标，例如，联合国人类住区规划署，简称人居署（UN Habitat）侧重于与可持续城市有关的可持续发展目标 11，或侧重于某个具体方面的多个可持续发展目标，例如儿童基金会（UNICEF）强调与儿童有关的可持续发展目标，这种情况并不少见。这种明确关联对包括初创公司在内的企业是有帮助的，因为这些企业由此可以意识到，这些多边组织可能会对合作持开放态度。

　　此外，思考可持续发展目标自然而然地会迫使人们更深入地分析自己目标的有效性。诚实地自我反省很重要，因为尽管像杰弗里·萨克斯所观察到的那样，与可持续发展目标挂上钩，对于企业来讲可能会有吸引力，但始终存在着一种企业会"挑肥拣瘦"的危险，只挑自己更容易与之保持一致（并由此会被视为良好的企业公民）的可持续发展目标，同时将自己盲目的想法转变为更不切实际的想法。他认为，关键是企业不应将可持续发展目标视为约束，而应将其视为当今时代的重大机遇。

因此，企业的作用对于实现可持续发展目标至关重要，尤其是考虑到追求可持续发展目标意味着商业机会。迈克尔·波特（Michael Porter）教授谈到了创造"共享价值"，这可能会以追求 C. K. 普拉哈拉德等思想家所设想的"金字塔底层"战略，或者克莱顿·克里斯坦森等其他思想家所说的"市场开辟式创新"为主要方式。无论企业以何种具体方式寻求既有利可图又具有社会影响力的机会，都值得密切关注 17 个可持续发展目标中的最后一个，即"为实现目标而合作"。

现在，可以肯定的是，可持续发展目标 17 的范围非常广泛，涉及政府、企业和社会等多方关系。不过，企业与初创公司合作的现象应该正好属于这一范围。于是，大型企业的注意力特别地集中在了那些希望同时追求经济效益和社会影响的社会企业身上。这种期待中的合作需要差异巨大的、非传统的盟友走到一起，共同创造价值。或许可以说，这使得可持续发展目标 17 变得更加重要：为了利用互补的资源和能力在实现可持续发展目标方面取得进展，"为实现目标而合作"至关重要。当通过这些合作进行的创新对可持续发展目标产生积极影响时，这些影响就更加值得推崇了。

在新冠疫情暴发之前，微软宣布了一项面向社会创业者的全球合作伙伴计划，人们希望通过这些截然不同的公司之间的合作，来实现可持续发展目标，而微软的这一举动更加凸显了人们对这一点的关注。明确回应大家此种关注的措施之一，就是以合作应对新冠疫情。这包括努力为疫情对健康方面造成的影响提供解决方案（例如，制造消毒剂和呼吸机），以及为商业方面所受的影响提供解决方案（例如，管理远程工作和在社交距离限制下开展作业）。在疫情引发的迫切需求之外，企业也正在为创造一个更美好的世界而做出贡献，尽管这听起来有些陈词滥调，但似乎会产生一些积极、深远的影响。

但是，要实现这个美好愿景，可能需要对合作流程进行某些修改。无论企业与初创公司的合作是在危机期间还是在稳定状态下进行的，只要是（追求经济目标的同时）涉及明确的社会成果，很重要的一点就是要注意某些背景差异。如果是一家西方社会企业与一家西方跨国公司基于某种具有社会影响的产品而合作，那么这一点可能不那么重要。然而，当合作发生的地点，与应用合作成果的地点距离很近的时候，特别是当合作的目的是接触弱势群体时，协同作用—交流平台—典型范例的模型必须进行适当的调整。当然，这种调整可能会让企业进一步远离自己的舒适圈。

本章内容大部分基于我自 2015 年 9 月联合国通过可持续发展目标以来所进行的工作。非常巧合的是，在那之后的一段时间里，我能够定期通过我校商学院位于加纳阿克拉的分校接触非洲市场。对非洲企业与初创公司合作的研究，让我看到了它们通过非传统盟友方式走到一起并产生积极社会影响的前景。当涉及对可持续发展目标产生影响的创业者与大型组织之间的协作时，协同作用—交流平台—典型范例的合作框架依然具有相关性，但可能会表现得有所不同（见表 6-1），此时必须注意以下方面：追求社会性协同作用；采用全面型交流平台；培养综合型典型范例。下面对这三点分别进行讨论。

表 6-1　企业与初创公司为可持续发展目标而合作：调整协同作用—交流平台—典型范例框架

	"常规"版本	影响可持续发展目标版本
协同作用	以经济效益来定义的有关企业技术组成部分或痛点的双赢	**社会性协同作用** 不单以经济效益，还以社会影响力来定义的双赢
交流平台	一般由一个企业明确指定的初创公司合作团队以班级式或漏斗式的形式来运营；其中的第三方专业机构也大多是营利性机构	**全面型交流平台** 会采用班级式或漏斗式的形式，参与其中的不仅有企业，还有非商业性第三方，如非政府组织（NGO）或教育机构
典型范例	成功主要是从经济层面定义的	**综合型典型范例** 在最理想的情况下，成功应该是由经济层面和社会层面共同定义的

社会性协同作用

当涉及社会成果领域时，需要对"协同作用"这一概念进行更宽泛的解释，将社会层面纳入协同作用，无论是基于技术组成部分还是基于痛点的协同作用。在某些情况下，这种转变是在科技公司推广其技术组成部分时发起的。在其他情况下，传统行业的企业可能会带头与初创公司合作，为解决社会缺陷做出贡献，这样当情况慢慢有所改善时，它们提供的服务在社会中就变得更具相关性或拥有更大的机会。但无论哪种情况，互利共赢都已不再局限于企业和初创公司之间，还包含了社会层面。

利用技术组成部分协同作用解决社会缺陷

当涉及对可持续发展目标的影响时，企业与初创公司的合作可能需要利用技术组成部分来帮助解决社会痛点。像 SAP 或微软这样的企业可能热衷于关注其平台技术的使用所带来的社会价值，而不仅仅是对自己或初创公司的经济影响。在我与微软管理者的讨论中，这一点经常得以体现，比如穆罕默德·纳比勒，当时他在 Microsoft4Afrika 计划的支持下领导初创公司合作工作。虽然这项合作也意图通过帮助当地克服某些缺陷从而产生社会影响，例如帮助当地解决在农民和有组织的零售行业之间缺乏可靠的市场中介的问题，但是，企业对于此项合作无疑有一个不可或缺且合理的理由：当地对该企业云服务平台技术的消费前景。不过，微软面临一个挑战，就是如何让初创公司摆脱对（微软所提供的）软件免费使用额度的依赖，帮助初创公司重新考虑设计自己产品的最佳方案。这就要求微软解决当地的技能短缺问题，特别是在技术专长方面。微软应对这一问题的方法之一，是将非洲的初创公司与世界各地的微软内部技术专家联系起来，他们自愿为这些初创公司提供时间和专业知识。当然，这对微软也有较长远的好处，随着肯尼亚在社会经济发展方面的进步，随着越来越多的公司和个人形成对微软产品的市场需求，微软将获得更多回报。因此，企业是有机会"通过行善来盈利"的，同时也能贯彻企业注重社会意识的价值观。

为迎合社会需求的企业解决痛点

促进更大程度的金融包容性，使无银行账户的个人能够获得银行服务，这是金融行业自然会感兴趣的事情，因为它解决了金融行业自身的一个痛点，即无法与发展中国家的许多农村客户产生关联。2015 年 11 月，万事达卡基金会（MasterCard Foundation）与牛津政策管理公司（Oxford Policy Management）合作，宣布了一项为期六年的"边境储蓄"（Savings at the Frontier）计划。其目标是为加纳、坦桑尼亚和赞比亚三个非洲国家，扩大面向贫困农村人口的金融服务范围，通过专门为非正式储蓄团体设计新金融产品，将 25 万人连接到正规的银行系统当中。据估计，这三个目标国家约有 900 万成年人属于非正式储蓄团体。团体储蓄涉及低收入人群，通常是女性，她们将各自的少量存款汇集在一起，再从中向团体成员发放借款。通常，团体中的一名成员负责将钱存入农村银行，但由于去存钱往往需要长途跋涉，这名成员一般会将现金先存放在家里，因而可能会发生失窃事件。

为了实现让金融服务更具包容性的目标，万事达卡基金会正在与一家加纳公司合作，该公司致力于将团体储蓄数字化。这家名为 Interpay 的公司于 2014 年由巴基斯坦裔加纳人萨奇布·纳齐尔（Saqib Nazir）创立，最终在 2018 年底被总部位于美国的 Emergent Technology 收购。这家加纳公司正努力帮助这些储蓄团体使用移动货币，这是一种比现金更为安全的选择。而且，这项技术还能够生成团体内不同个人所贡献的相对金额的数据。这些数据就可以反过来使农村银行有机会以这些个人为目标客户，为他们提供定制化的银行解决方案，从而最终实现让没有银行账户的人拥有银行账户。该项目的实际实施由牛津政策管理公司进行，资金则根据预先商定的里程碑完成情况分阶段进入 Interpay（现为 Emerent Technology）。

通过应对危机引发的挑战来增加社会价值

社会影响可能源于，企业在危机期间通过对创新型初创公司的数字能力的利用，为企业至关重要的利益相关者创造更大价值的能力。在新冠疫情期间，就有过这样的例子。事实上，在这种情况下，初创公司专注于产生（经济成果以外的）社会影响，（在某些情况下，这要归功于公司能巧妙地调整工作重心，抓住危机带来的机会）可能会为该初创公司与企业的合作开创新的可能性。例如，总部位于上海的 HiNounou 公司在其老年人健康监测套件中添加了口罩和洗手液，将其转换为新冠防护套件，并吸引了法国跨国企业圣戈班（Saint-Gobain）的合作兴趣。危机临近所带来的紧迫感使得圣戈班可以清楚地看到一种基于痛点的协同作用，那就是想方设法保护其员工的健康。

一些不属于典型企业的"大猩猩"也是有可能出现的，比如以色列的舍巴医院，它与初创公司合作，并利用这一合作能力组织黑客马拉松来寻找应对疫情的方法。甚至连政府也可以成为"大猩猩"一样的角色，组织类似于漏斗式的挑战，为与危机相关的需求寻找创造性的解决方案。例如，SenseGiz 是一家起源于印度南部城镇贝尔高姆的初创公司，也是班加罗尔 Cisco LaunchPad 项目的"校友"之一。该公司应用其在监控家庭和办公室安全方面的专业知识，创建了一款监督保持社交距离和追踪新冠感染者的应用程序，在印度政府组织的一项创新挑战赛中获得了一等奖。

在危机期间，企业参与者也可能会希望发起或扩大与初创公司的合作。新冠疫情当中显示了创业生态系统的参与者可以直接帮助企业和初创公司开展合作。一个突出的例子是由宝马初创车库的前联合创始人们发起的 Startups Against Corona倡议，这些人都曾利用自己的专业知识在企业和初创公司之间建立联系。他们的这项倡

㊀ 意为"初创公司对抗冠状病毒"。——译者注

议使得 300 多家初创公司的解决方案被提供给了 50 多家企业。这个例子重申了在搭建企业与初创公司的合作交流平台时，发展和应用专业知识的重要性。

全面型交流平台

即使是在面对可持续发展目标时，传统的合作交流平台也可能行之有效，只要这些平台对合适的、具有社会意识的初创公司的加入持开放态度。又或者，企业可以推出专门针对社会企业的合作交流平台。此外，合作交流平台也可以包含其他非传统参与者，比如非政府组织，成为小型组织和大型组织之间的桥梁。接下来将分别讨论这三种可能性。

传统的企业与初创公司合作交流平台

常规的企业与初创公司合作交流平台，时不时也会促成具有明显社会影响的合作。例如，IBM 的全球创业计划（Global Entrepreneurship Program）创造出了据我所知最早的非洲成功案例之一。IBM 非洲的管理者们自豪地谈论肯尼亚的金融科技初创公司 Mode（后来被新加坡的 TransferTo 收购，现已更名为 DT One），它在 2014 年成为第一家赢得 IBM 创业家全球训练营大赛的非洲初创公司。在拉斯维加斯以非洲地区决赛冠军的身份进入全球决赛，与来自世界各地的分区冠军展开竞争，这家总部位于内罗毕的公司的成功早早地展示出了非洲初创公司的巨大潜力，以及许多非洲创业者寻求社会影响力的本能。它也指明了一些大型跨国企业将有兴趣与此类非洲初创公司合作。

另一个受益于传统的初创公司合作计划的社会企业，是位于加纳首都阿克拉的一家初创公司，该公司开发了一款名为 Bisa 的移动应用程序（Bisa 在契维语中的意思是"问"），帮助个人获得医疗从业者的免费医疗建议。这家公司成立于 2014 年埃博拉危机期间（幸运的是，加纳没有受到影响），其幕后的创业者与拜耳有过合作，参与过拜耳在柏林的一个为期 100 天的加速器计划。那次合作是该初创公司的一个重大转折点，使其与拜耳基金会以及随后与西非其他有影响力的组织之间产生了进一步合作，还在塞内加尔开设了一个新的办事处。

同样地，现有的与初创公司相关的企业创新工作，如 Cisco LaunchPad 等，也在帮助自己的合作伙伴和"校友"公司进行转型。另外，促进包容性的另一种方式是刻意去接触容易被忽视的人群。例如，依据一项关于英国创业生态系统多样性的研究，英国 Wayra 加速器的前负责人加里·斯图尔特决定将这个加速器向伦敦地区以外的创业者开放，包括女性和少数族裔。因此，本书前几章所讨论的传统企业的参与方式也可以是一股向善的力量。事实上，在未来，企业很可能会运用（对社会和他人）更具同情心和包容性的合作思维，而这反过来又能促成越来越多产生积极社会影响的合作，尤其是通过专门服务于社会企业的合作交流平台，下面将讨论这一点。

社会企业专属的合作交流平台

虽然像 Mode 和 Bisa 这样有可能产生重大社会影响的初创公司，已经能够从传统的合作交流平台中获益，但也出现了某些专注于社会企业的初创公司合作交流平台。不出所料，其中几个平台都涉及企业基金会、创业生态系统专家以及其他非传统参与者（如政府部门）。

举个例子，壳牌基金会（Shell Foundation）在印度孟买牵头建立了 Powered 加速器，共同建立该加速器的还有英国国际发展署（DFID）和 Zone Startups。这一计划旨在通过提供种子资金、相关指导以及开放资源网络来支持由妇女领导的与能源和多样性有关的初创公司。Taru Naturals 是该加速器的成员公司，这家公司帮助农民通过从事有机农业改善生活。该公司的项目在加速器的推动下，不仅使直接参与该项目的农民受益，还使作为供应商的其他人受益（例如某位有机姜黄的供应商），从而促进了公平贸易供应链的发展。

在有些情况下，企业基金会能够与著名商学院的孵化器合作，为社会企业提供合作项目。例如，戴尔基金会（Dell Foundation）在印度管理学院（IIM）班加罗尔校区资助了第一批社会企业。保乐力加印度基金会（Pernod Ricard India Foundation）与 IIM 加尔各答校区的创新园区合作，为印度女性社会创业者推出了一个以可持续发展目标为导向的社会孵化计划。在另一个例子中，乐天（Rakuten）将其日本的社会企业项目带到了印度。乐天社会加速器（Rakuten Social Accelerator）被该企业描述为一项企业社会责任（corporate social responsibility，CSR）合作计划，旨在让内部员工和外部社会创业者共同参与解决与消除贫困、保护地球以及促进和平与繁荣有关的可持续发展目标。

正如本书开篇的微软与初创公司合作之旅所述，微软这家跨国企业于 2020 年 2 月启动了微软全球社会公益创业项目。该项目专为收入不到 2500 万美元、运营少于 7 年的 B2B 社会企业而设计，为它们提供技术组成部分（如 Azure 云技术）、市场进入支持、增加客户的商业机会以及微软慈善（Microsoft Philanthropies）的资助。项目在选择初创公司时，会同时评估其经济潜力（市场机会的大小）和社会影响（作为关键的经营指标，而不是对其进行事后评估）。被选入该项目的早期初创公司之一是 Zindi，这是一个为非洲数据科学家提供的平台，旨在确保有足够的专业人士对社会上产生的海量数字型数据进行分析，并从中提取价值。在新冠疫情期间，Zindi 提供了平台，让非洲大陆各地学习或工作被中断的学生和专业人士有用武之地，而不至于浪费自己的时间和技能。

包含非企业型"大猩猩"和专业机构的合作交流平台

通常不包含在企业与初创公司合作当中的非企业型参与者，其实也是能够促进这种合作的。它们可能包括联合国的多边机构、非政府组织、企业基金会和学术机构。有一些非同寻常的"大猩猩"，比如非政府组织和联合国，也会参与到与初创公司合作的交流平台当中来。在非集群型新兴经济体的案例中（详见第 5 章内容）可以看到，一些新的参与者可能会在初创公司和大型组织之间扮演具有创新想法的桥梁角色。尤其是在非洲这样的前沿地区，我发现非政府组织和企业基金会的参与度格外高。

例如，在非洲，来自瑞典的非政府组织 Reach for Change（RFC）通过提供宝贵的孵化和加速服务，已成为当地重要的创业生态系统推动者。在其富有活力的非洲负责人阿玛·拉蒂（Amma Lartey）的领导下，RFC 希望能对加纳的社会企业政策产生影响，并积极与联合国儿童基金会合作，帮助孵化一些有助于儿童福利的社会企业。这一举措支持了许多以教育为重点的社会企业，例如为只会讲当地语言的儿童提供读书识字的解决方案。若这种解决方案被证实有效，它便有可能作为联合国儿童基金会在其他发展中国家推出的国家级计划的一部分，被广泛推行。Environmental360 是加纳的一家社会企业，它开展废品回收教育活动，培训学校和社区从源头上将废品分类，同时它也运行着可持续的废品收集系统。这家社会企业通过 RFC 与联合国儿童基金会进行了三方合作，获得了为期两年的孵化支持，这大大增加了其扩大经营规模的可能性。

在埃塞俄比亚，RFC 一直在与宜家基金会（IKEA Foundation）合作，为埃塞俄比亚的女性社会创业者提供支持。它所提供的项目和合作形式，从为相对早期的社会企业提供两到三年的孵化计划，到为更成熟的、已产生收益的社会企业提供成长加速的"快速扩展计划"。Fresh & Green 是 RFC 通过孵化器促成合作的社会企业之一。这家社会企业制作和销售埃塞俄比亚扁面包（以此为营收方式），雇用生活在埃塞俄比亚首都亚的斯亚贝巴街头的妇女，帮助她们摆脱流离失所的生活，并利用所得资金为这些妇女的子女开办一所学校。Whiz Kids Workshop 是一家儿童电视节目制作公司，同时也是一家更为成熟的社会企业，它也通过加速计划得到了帮助。由于埃塞俄比亚不允许在儿童电视频道投放广告，通过获得 RFC 快速扩展计划的支持和指导，这家社会企业正在通过在其他媒介（如 YouTube）上投放内容、寻求商业机会以及开拓其他不限制儿童电视频道广告的东非市场，来探索其他的收入来源。

联合国开发计划署（UNDP）的 Accelerator Network 项目力求建立一个强大的加速器联盟，促进快速学习，寻求解决可持续发展挑战的办法。这个联盟中包括丹麦等发达市场地区和纳米比亚等新兴市场地区。在丹麦，该项目为选定的小公司提供为期六个月的创新"旅程"，用来构建和验证与实现可持续发展目标相关的产品、服务和商业模式。通过与合作伙伴公司、联合国专家和潜在投资者举行工作坊和会议，这些小公司有机会将想法转化为具体的行动计划。参与该项目的公司包括 Bluetown，其太阳能 WiFi 热点系统为发展中国家的贫困地区提供互联网连接，从而促进可持续发展目标 9（产业、创新和基础设施）的实现。在新冠疫情期间，这项服务的价值在加纳得到了体现，在那里，云端用户可以自由地访问世界卫生组织（WHO）发出的警告内容。其他参与该加速器联盟的公司还有 Aquaporin 和 Unibio，前者为发展中国家的纺织业开发了废水净化和回收解决方案，后者将甲烷转化为农业和渔业所需的蛋白质。在纳米比亚，通过例如 BOOST UP 创业竞赛和线上孵化器等方式，当地许多解决方案提供商得到了展示机会，例如将海藻转化为家禽饲料的 AKA NamKelp，或开发农用无人机以帮助当地农民提高生产力的 Afridrones。

综合型典型范例

与可持续发展目标相关的初创公司与企业（以及其他相关大型组织）的合作范例，只有当它们展示出在社会和经济方面具有产生综合影响的潜力时，才算得上是有效的范例。这是因为如果没有经济潜力，拥有宝贵资源的营利性组织不太可能有动力参与其中。话虽如此，明确阐述合作对可持续发展目标的影响也很重要。关于这些，我们都可以从新兴市场中获得宝贵的灵感。

展示社会影响和经济成就

虽然非营利组织在促进可持续发展目标实现方面发挥着重要作用，但当营利性企业也参与进来的时候，更有可能出现可规模化的解决方案。正如哈佛大学教授迈克尔·波特在 TED 演讲中所说："只有商业才能创造资源。所以问题是，我们如何利用这一点？秘诀就是利润。对此，你可能会说'呃'，但正是利润，让我们创造的任何解决方案都可以无限扩展。"但是，当社会影响被纳入营利性组织的战略时，随之而来的挑战中有一部分就来自该组织具有双重的，或从某种意义上来说相反的发展目标。

因此，诀窍在于要能够同时实现经济和社会影响。不过，达到此目的的方式可能会有所不同。一些组织通过单独的工作分别追求这两种相反的目标（例如，用一个营利性部门补贴非营利性活动），而另一些组织试图同时实现这两个目标（例如，向低收入细分市场提供有偿服务，或在营利性企业雇用残疾人）。

不过，无论哪一种方式，关键都在于，要证明经济和社会目标都能够成功实现。事实上，我在加纳听闻了一个令人玩味的现象，有些人开始反对"社会企业"一词，因为它逐渐暗含了一种追求慈善赠款的意思，这就导致人们只关注社会成就，而不顾经济利益。加纳阿什西大学（Ashesi University）的 NEXTi2i[⊖]计划中，便使用

　　⊖　全称为 New Entrepreneurs Xchange for Transformation: Idea to Impact，意为"以新创业者换商业转型：从想法到影响"。——译者注

了"混合创业"（hybrid entrepreneurship）一词来表达"在行善的同时盈利"，而没有用"社会创业"一词。这一计划是与麻省理工学院（MIT）的 D-Lab 和美国国际开发署（USAID）共同合作的，旨在"创建一个价值驱动的孵化器，以培训创业者建立专注于可持续发展目标的公司"。Ashesi Ventures Incubator（AVI）是 NEXTi2i 的一个项目，它为阿什西大学应届毕业生提供为期一年的孵化体验。一个受到 AVI 培训的例子是以西结·森耶·霍尔梅库（Ezekiel Senye Hormeku），他的公司 Tailored Hands[⊖]生产西非男性穿的宽松传统衬衫和配饰（如非洲拖鞋），其创业意图是希望配饰类产品可以交由残疾人等弱势群体生产。虽然有些人可能会争辩，"混合创业"的定义与"社会企业"的定义完全一致，但在加纳这样的背景环境下，这些说法在当地所代表的实际意义显然还是略有不同的。

在追求双重目标时，参与者必须善于使用悖论思维（paradox thinking），即能够接受明显相互矛盾的想法。这并不意味着兼顾社会目标和经济目标很简单，而是说这两个目标不应被视为相互排斥的。当然，这两个目标的达成情况可能并不一致。而且，如果社会成就显著，投资者等利益相关方可能会对于社会企业在经济方面的表现睁一只眼闭一只眼。但实现经济效益仍然很重要。当然，非营利组织的角色也很重要，它们中的一些可能也会与企业打交道。不过，如果企业与初创公司的合作可以使非营利组织得到帮助，那就更好了。例如，一家健康科技初创公司就可以与一家大型科技企业合作，为农村非营利性医院制订解决方案以挽救生命。如果是这样的话，初创公司在与"猩猩"共舞的同时所创造出的价值，就会使

⊖ 意为"定制之手"。——译者注

得社会影响通过非营利组织可贵的工作被大大增强。

将可持续发展目标纳入故事主线

在对肯尼亚内罗毕进行实地考察时，初创公司 Twiga Foods 反复出现在我的视线中。这家公司是由可口可乐非洲前高管彼得·恩琼乔（Peter Njonjo）和美国人格兰特·布鲁克（Grant Brooke）于2014 年创立的，布鲁克在牛津大学进行博士研究时，机缘巧合之下创建了这家公司。Crunchbase⊖将 Twiga Foods 描述为 "一个 B2B 市场平台，直接从农民那里采购农产品，再交付给城市零售商。"一位记者用更详细的语句将 Twiga Foods 描述为 "一家向 mama mbogas（指摆摊卖菜的女性）这样的小规模零售商运送新鲜农产品，并为种植和供应农产品的中小型农场提供资金的公司。"Twiga Foods 在其官网上这样描述自己的故事："自 2014 年以来，Twiga 一直在通过一个有组织的平台，弥合食品安全和市场安全之间的差距，以建立一个高效、公平、透明和正式的市场。今天，我们从数以千计的农民那里采购优质农产品，为他们提供一个现成的、有保障的市场，并从我们自己的包装车间向数千个供应商送货，（过程中的）每个人都能享受到最公道的价格。"

在吸引了来自包括世界银行国际金融公司（IFC）在内的大量资金后，微软成为 Twiga Foods 的战略合作伙伴之一。有趣的是，当我让 Microsft4Afrika 计划的索密特·基普切拉特（Somet Kipchilat）列举微软在肯尼亚合作的年轻公司范例时，Twiga Foods 是他提到的第一家公司。虽然 Twiga Foods 不是一家典型的独立软件供应商（ISV），但基普切拉特帮助协调了微软的云计算等技术资源，以供其

⊖ Crunchbase 是一个用于查找私营企业和上市公司业务信息的平台。——译者注

使用，因为他相信，这家公司未来将成长为微软技术的大客户（即付费用户）。像 Twiga Foods 这样的典型范例不仅能够频繁吸引媒体关注，而且还可以很容易地将其经营范围与特定的可持续发展目标联系起来，如可持续发展目标 8（促进良好就业）、可持续发展目标 12（负责任的消费和生产）以及可持续发展目标 5（性别平等）（因为其许多小规模供应商都是妇女）。

下一个通过企业与初创公司合作实现明确可持续发展目标的例子，是在瑞士和加纳运营的社会企业 Koa。这家社会企业与西非的可可农民合作，帮助他们利用通常被丢弃的可可果浆增加收入。这家初创公司由前职业赛艇运动员阿尼安·施莱伯（Anian Schreiber）创立，与跨国巧克力公司瑞士莲史宾利（Lindt & Sprüngli）建立了合作关系，向其供应自己公司生产的干燥的可可果肉，作为一种巧克力的制作原料。这是为实现可持续发展目标而与"猩猩"共舞的一个很好的例子，它通过减少对自然资源的浪费，促进了良好就业（可持续发展目标 8）和负责任的消费（可持续发展目标 12）的实现。

当然，根据合作所关注的是某个具体的可持续发展目标，还是对多个目标都有涉猎，合作参与者会有所不同。某些组织与特定的可持续发展目标相关联。例如，人居署侧重于对人类住区和可持续城市发展的关注，因而专注于实现可持续发展目标 11（可持续城市和社区）。于是，有兴趣与关注可持续发展目标 11 的初创公司合作的组织，可能会希望以某种方式让人居署参与进来。而在其他情况下，例如开发计划署通过可持续发展目标加速器所开展的工作中，很可能存在跨越多个可持续发展目标去创造价值的空间。一个大型组织所关注的可持续发展目标是具体的还是笼统的，取决于该组织的使命是什么。对于医疗保健企业来说，可持续发展目标 3（健康和福祉）可能是一个明确的关注点，而对于像微软这样的企业来说，过度限制其目标是没有意义的。

　　无论哪种情况，关键是要清晰地将可持续发展目标纳入组织的故事主线，这样做既是为了给正在完成的工作争取更大的可见度，也是为了将注意力更好地集中在所寻求的社会影响的本质上。萨克斯教授和他的合著者认为，17 个可持续发展目标当中主要包含六项重大转变：（1）教育、性别和不平等；（2）健康、福祉和人口；（3）能源脱碳和可持续工业；（4）可持续食品、土地、水和海洋；（5）可持续城市和社区；（6）可持续发展的数字革命。弄清楚特定的合作计划促进的是哪种转变，是很有意义的。

从新兴市场获取灵感

　　虽然许多前沿市场中的公司希望向西方发达经济体中更成熟的创业生态系统学习经验，但它们应该认识到，通过多观察并学习东方新兴经济体，它们同样可以获得宝贵的经验。尽管，把创业者带到硅谷，向他们展示令人眼花缭乱的最新技术和趋势，可以为他们提供一些帮助，但来自发展中国家的公司同样可以在新兴市场中找到有用的，甚至可以说是更相关的经验，让他们可以真正从中学习。通过与大型组织合作，社会企业可以产生更大的影响，对于这个想法，印度正在积极探索，这一点在前面阐述过，而在中国，也有影响力工场（Impact Hub Shanghai）等加速器正在对此进行积极探索。

　　阿里巴巴就是一家曾经表示有兴趣为可持续发展目标做贡献的

公司，它还表示愿意与联合国贸易和发展会议（UNCTAD）合作，通过 eFounders Fellowship 等计划支持非洲创业者，该计划可以为来自非洲大陆的优秀创业者提供指导和支持，包括在杭州进行为期两周紧锣密鼓的活动，以帮助这些创业者了解阿里巴巴的生态系统并与之建立联系。（如果阿里巴巴进入非洲大陆市场，这些创业者就有可能成为未来的合作伙伴，从阿里巴巴的角度来看，这可能是一个潜在的胜利。）尼日利亚创业者塔约·巴米杜罗（Tayo Bamiduro）的例子就很好地说明了这一点，他的公司 Max.ng 致力于解决非洲的一个重要问题：让摩托车出租车变得安全和便捷。与阿里巴巴的合作帮助他改进了自己的产品。

eFounders Fellowship 的另一位学员是乌朱·乌佐－奥金纳卡（Uju Uzo-Ojinnaka），来自尼日利亚，她是我以前的学生，曾在我校西非校区就读。她创建了一个泛非洲电子商务平台——Traders of Africa，她曾在我的课堂上首次提出这个商业想法。参加 eFounders Fellowship 计划使她找到了一个不同于硅谷的灵感来源，并与之产生了深深的共鸣。她告诉我，通过阿里巴巴的 eFounders Fellowship 计划，她接触了一群雄心勃勃且高素质的非洲创业者，具有讽刺意味的是，她在杭州参加 eFounders Fellowship 计划期间，可能比在非洲更容易接触这些创业者。通过与阿里巴巴的合作，她的想法得到了认可，并建立了更高的信誉度，这些都是非常有价值的成果。

建立可持续发展目标联盟

初创公司（包括社会企业）与企业（以及其他大型组织）之间的

合作，是一个更大的且至关重要的现实的一部分，这个现实就是：实现可持续发展目标需要（大规模的）集体努力。网飞（Netflix）的纪录片《走进比尔：解码比尔·盖茨》（*Inside Bill's Brain: Decoding Bill Gates*）让我们深入了解了盖茨基金会（Gates Foundation）是如何应对发展中国家最大的挑战之一的，这个挑战就是：为穷人提供负担得起的卫生设施。基金会开展了大量的合作，从科特迪瓦等受影响地区的非政府组织，到美国和英国等发达市场的大学和创业者，再到中国可以低成本生产马桶的生产商。这些合作关系都体现了可持续发展目标 17（为实现目标而合作）。

　　实现目标所需要的是组织之间的联盟。其实，有影响力的组织可以做出的重要贡献之一，就是号召企业、初创公司、多边组织和非政府组织等合作伙伴进行联盟。微软就是这样的联盟缔造者之一。Microsoft4Africa 的穆罕默德·纳比勒认为，他的角色主要是通过与其他人合作来帮助建立和维护生态系统。他所理解的是，微软可以向其他大型组织、基金会和世界银行等多边组织敞开大门，并努力建立组织联盟，帮助发展和进一步加强整个非洲大陆的创业生态系统，而不仅仅是在个别创新热点地区。如今，全球化科技企业的合作兴趣越发浓厚，且这些企业是具有营利动机的，而那些蓬勃发展的社会企业，它们并非每一家都能获得约翰内斯堡、拉各斯或内罗毕的可用资源，这就意味着，有一片肥沃的土壤，能让更多"多方利益相关者"进行合作，一方面可以促进创新和创业，另一方面也可以促进可持续发展目标的实现。这一点尤其适用于非洲大陆，因为非洲大陆人口年轻：60% 的非洲人口年龄在 35 岁以下。此外，在世界各地的冲突地区，青年人所追求的创业事业有望减少失业引发的区域不稳定，产生社会安全方面的益处。正如纳比勒所说，非洲面临的关键挑战之一是要"使创业民主化"。

振奋人心的是，世界上已经出现了许多建立联盟的迹象。Catalyst 2030 是一个由世界各地致力于可持续发展目标的社会创业者和创新者所组成的网络。"时尚公约"（the Fashion Pact）则体现了另一种包含企业的联盟方式，"时尚公约"中包含了处于行业领先地位的公司对于应对气候变化所做出的承诺，联合利华前 CEO 保罗·波尔曼在协调和促成这一公约方面发挥了重要作用。为了应对全球气候挑战，此公约也是必不可少的联盟范例之一。

展望未来，一个关键的挑战仍然来自不同类型的组织之间的巨大差异，特别是营利性和非营利组织。它们存在于截然不同的世界。这一点在医疗保健领域得到了清晰的体现。以 CMC 医院为例，这是一家由一位美国传教士在印度韦洛尔创建的大型教学医院。她最初的目的是培训女医生，为穷人服务。后来，尽管这家医院因神经病学和心脏病学等专科而声名鹊起，但它依然强调要确保提供一流但平价的医疗服务。除了医院主院区的工作外，面向附近农村地区的社区卫生的发展也是该医院的一个工作重点。现在，我们将它与上海一家最先进的营利性大型医院嘉会国际医院进行对比。这家医院是与美国一家领先的医院合作设立的，无论是在其五星级的基础设施质量、科学的医患比例方面，还是在其提供的医疗服务的价格方面，都与韦洛尔的那家医院有很大不同。显然这两个组织都是追求可持续发展目标 3 当中"健康"这一目标的关键参与者。然而，它们却属于两个世界：非营利组织的世界和营利性组织的世界。一个关键的挑战在于，这些组织的出发点和目的十分不同，因此找到它们的共同点并不容易。在一些非营利组织中，"利润"几乎可以被视为一个肮脏的词。然而，通常是那些营利性的公司所制造的药品、设备和基础设施，让非营利组织能够为其成员带来价值。而新冠疫情的防控措施揭示了企业的商业活动对于为人们创造生计来讲有多么重要。由此可见，经济活动和社会活动是密不可分的。营利性组织和非营利组织的世界如何以协同的方式交织在一起，可能是实现可持续发展目标的关键之一。

不过，企业和非政府组织之间可以合作的想法，已经存在一段时间了。一些非营利组织试图将商业活动纳入其工作范围，以将自己转变为社会企业。还有一些非营利企业基金会，将企业的利润引导至可以产生积极社会影响的有价值的事业上。当涉及社会企业和可持续发展目标的时候，企业基金会是从中发挥重要作用的组织。这一点在之前讨论的 Bisa 案例中可见一斑。Bisa 是一家加纳社会企业，其移动应用程序允许人们获得免费和保密的医疗建议。Bisa 被选为拜耳在柏林的 G4A 加速器班级成员之一。随后，当它希望继续与拜耳合作，以加强其在西非医疗保健行业的影响力时，它是通过拜耳基金会（Bayer Foundation）实现这一点的。正是这个非营利组织，使得 Bisa 这家初创公司从众多希望支持世界贫困地区社会经济发展的机构当中脱颖而出，获得了更高的知名度，让它有机会与一家德国基金会建立了合作关系。这家德国基金会与塞内加尔政府关系密切，振动 Bisa 在塞内加尔开设了一个子公司，并在该市场推出其应用程序。此外，Reach for Change（RFC）也是一个期待通过支持创业和创新来提高社会福祉的非政府组织，它与宜家基金会等企业基金会合作开展了一个计划，为埃塞俄比亚的女性社会创业者提供支持。

这些发展需要继续加快速度，并且要努力升级出更复杂的合作方式，以便实现非传统盟友之间合作这种有待开发的模式。例如，一些营利性新公司会想将数字能力应用于医疗保健服务，这一趋势也因新冠疫情期间对远程医疗方面的需求得到了加强，而这些营利性公司应该也能够以符合双方理念和目标的方式，向非营利性医院贡献自己的专业知识。要做到这一点，还需要双方做出很多努力，去赢得对方的信任。显然，让所有营利性和非营利性的组织都做到这一点，是不可能的，但在组织目标和思维方式上有足够多的重叠的情况下，这种伙伴关系就可以成为双方共同创造共享价值的宝贵基础。Acumen 基金会的研究表明，那些在条件艰苦的发展中国家发挥积极作用的组织，如果与大型企业合作的话，可以获得许多不同的好处，包括新技能、渠道和联合商机。

当然，在短期内，企业与初创公司合作实现可持续发展目标，主要还是体现在大型企业与社会企业之间的合作中。让与初创公司的合作成为一股向善的力量（特别是通过为实现可持续发展目标做出贡献），受到了企业、非政府组织、政府和联合国的高度关注。与更传统的企业与初创公司的合作计划相比，对于最近出现的各种面向社会福祉的活动，现在去评估其有效性还为时尚早。然而，我们有理由保持乐观，因为本书中概括的一些关于企业与初创公司合作的核心理念应该是适用的。当然，由于这些新出现的计划与主流的初创公司合作计划不同，当中所需的调整将通过进一步的随机应变和反思学习来实现。不过它们都相当有潜力。

总而言之，我们理应考虑如何将"与猩猩共舞"作为实现可持

续发展目标的一种方式。这一点很重要，因为正如联合利华前 CEO
保罗·波尔曼所指出的那样，解决社会面临的一些令人烦恼的问题，
需要多个参与者（且往往是非传统的参与者）共同努力。实现可持
续发展目标超出了任何一个公司、政府或部门的能力范围。这就是
为什么可持续发展目标 17 非常重要，而且可能需要非传统盟友团结
在一起。在大型企业中，那些希望利用企业自身能力来创造社会影
响的内部社会创业者和创新者，应该更多地与包括社会企业在内的
初创公司接触，以推动和放大自己的努力成果。

　　世界正努力在 2030 年之前实现可持续发展目标，在此时，它需
要尽可能地利用优质初创公司在与"猩猩"共舞时所产生的所有独
创性和创造力。

后 记

可持续发展目标"行动十年"
所需的三种思维

真正的商业成功，不能只有你为自己的核心支持者所创造的盈余，还得有你为整个社会创造的更广泛的盈余……

——微软 CEO 萨提亚·纳德拉

● ● ●

如果说许多人的 2020 年是偏离轨道的一年，似乎都有点轻描淡写了。

对于 2020 年的"行动十年"（Decade of Action）愿景来说，第 6 章中的内容都是相关的。但由于新冠疫情的暴发，为了实现可持续发展目标而"与猩猩共舞"的想法变得更具紧迫性和挑战性。在本书的最后，我对未来的发展提出一些看法，并建议大家认真思考本书强调的三种思维方式——创业性思维、协作性思维和全球性思维，它们与企业创新、组织转型和社会影响息息相关，因为通过协作才能更好地利用创业精神和全球化。

为后疫情时代的可持续发展"行动十年"做出贡献

在本书开篇微软与初创公司合作的故事尾声，2020 年 2 月下旬，微软宣布了一项与社会创业者合作的全球计划。如今众所周知，这个时间选得不怎么好，新冠疫情正在全球蔓延。在这个百年一遇的事件所带来的动荡之中，几乎无人幸免。

2020～2030 年被联合国称为"行动十年"，这十年将是追求可持续发展目标的任务变得更重要、更具挑战性的时期。为了帮助我们理解前进的方向，有必要先简要回顾一下在此之前（特别是在2008～2020 年）发生了什么，并思考 2020 年的新冠疫情改变了什么。

2008～2020 年：始于危机又止于危机的时期

当回过头来看，这一路，我对企业与初创公司合作现象的研究，是夹在两次重大的全球冲击性事件中间的：2008 年的全球金融危机和 2020 年的新冠疫情。虽然我对企业与初创公司合作的研究始于2003～2004 年我与微软的首次互动，但直到 2008 年我在《加利福尼亚管理评论》（*California Management Review*）上发表了一篇题为《与猩猩共舞》的文章时，我才开始观察到较成熟的（在企业风险投资之外的）初创公司合作活动，特别是随着微软 BizSpark 计划的启动。

事实证明，2008 年对全球经济来说是重要的一年，2008 年第三季度（7 月至 9 月）发生的两个事件分别预示着：

1. 2008 年 7 月，苹果推出了 App Store，推动了数字化的兴起，因为智能手机和智能手机上使用的应用程序极大地改变了 PC 时代已然商业化的互联网。

2. 2008 年 9 月，雷曼兄弟（Lehman Brothers）倒闭，标志着全球金融危机爆发。从更大范围上来说，这场危机引发了一场可持续性方面的危机，因为在追求疯狂增长的过程中，企业似乎较少考虑到它们更广泛的社会影响。

数字化的兴起。结合着云计算的出现，移动互联网即将改变数字化的本质。随着低端手机机型的问世，移动互联网不仅可以在发达市场使用，还可以在亚洲、拉丁美洲和非洲等跳过了 PC 时代的新兴市场和前沿市场使用。此外，云计算的兴起也极大地减少了初创公司对 IT 基础设施的需求，开启了初创公司的繁荣时代。Techstars 联合创始人布拉德·菲尔德指出，尽管传统公司在金融危机后遭受重创，但基于技术的初创公司正如日中天，这使得创业成为社会的主要关注点。他说道："在 2009 年和 2010 年，大家感受到了金融危机对宏观经济的影响……这些初创公司不断出现、发展并增加就业机会。2011 年初，世界开始注意到这一点……一夜之间，每个人都开始谈论如何以创业重振全球经济。"

新兴经济体的崛起。从 2008 年开始，像中国这样的新兴经济体再次吸引了大型跨国企业的关注，也成为众多新迈入国际化的企业的大本营。

可持续性方面的危机。尽管从表面上看，金融危机和对可持续性的担忧似乎是两个毫无关系的问题，但专家们辩称，它们是相互关联的，尤其是因为，全球金融危机引起了人们对社会中贫富差距的注意，而且这场危机显然加剧了贫富人群之间的不平等。也就是说，不平等与可持续性是密不可分的。金融危机引发了一段时间的社会动荡，凸显了不平等正在加剧的问题，因为残酷的财政紧缩政策对社会低收入阶层造成的影响是巨大的，这进一步扩大了不平等的鸿沟。在 2008 年全球金融危机之后的几年里，随着世界从千年发展目标（Millennium Development Goals）（2000～2015 年）过渡到可持续发展目标（2015～2030 年），这一亟待解决的问题，在制定可持续发展目标 10（减少不平等）时得到了充分的重视。

总体而言，在这个时期内，数字化从只有少数几家公司关注的领域变成了每一家公司都津津乐道的关注点，尽管众人对其理解和掌握程度不同。各大企业，最初是技术型企业，到后来是更传统的企业，或早或晚都开始自觉和明确地认识到，自己应该以一种更"开放"的方式进行创新，这种方式需要与外部合作伙伴以及内部创业者进行密切合作。在此期间，中国的北京（以及印度的班加罗尔）等新兴经济体地区也相继出现了创业生态系统。正如前面所提到的，像微软这样精通全球运营的跨国企业此刻正在关注这些地区，并陆续在这些地区开设了加速器。此外，对可持续性的关注逐渐渗透到企业与初创公司的合作中，最突出的体现，就是在 2020 年 2 月宣布的微软全球社会公益创业项目。

紧接着，新冠疫情席卷而来。

2020 年：新冠疫情的加剧效应

在数字化方面，新冠疫情无疑加快了数字化的进程。随着新冠疫情在世界各地蔓延，许多组织和个人都展示出了极大的敏捷性，通过使用线上工具来适应远程工作和学习。正如微软首席执行官萨提亚·纳德拉在 2020 年第一季度之后所指出的那样："我们在两个月内就见证了从前两年才能完成的数字化转型。"数字化的应用速度明显加快了，许多公司之前持观望态度，几乎一夜之间掉入了一个新世界，在这个世界里，数字技术代表着公司运营的唯一可持续方式，至少在一定程度上是这样的。

在可持续性方面，可持续发展目标中已经暗藏的问题只会被加强。在后疫情时代，可持续发展目标具有更高的紧迫性、必要性和显著性，然而实现起来也将更加困难。杰奎琳·诺沃格拉茨（Jacqueline Novogratz）的书《道德革命宣言》（*Manifesto for a Moral Revolution*）是在新冠疫情暴发之前写的，但它所传递的信息在后疫情时代或更能引起人们的共鸣，因为疫情迫使许多人认识到这场前所未见的悲剧所造成的社会和经济破坏，并重新思考自己该优先做些什么。正如曾任职联合国开发计划署的伊丽莎白·博格斯·戴维森（Elizabeth Boggs Davidsen）所说："在这场疫情之前，针对可持续发展目标的进展甚至都已经停滞不前。随着疫情的蔓延，我们发现自己站在了十字路口。我们不能走一条让我们离实现可持续发展目标越来越远的道路。我们必须开辟一条新的道路，推动我们走向更美好的未来。"

2020～2030 年：在"行动十年"中对企业创新的迫切需求

对于整个社会来说，2020～2030 年这十年是一个巨大的挑战。2020 年原本是联合国通过 17 项可持续发展目标五周年，有望为 2020～2030 年这十年的努力注入更大的能量。然而，中美贸易摩擦和英国脱欧带来的影响和各种地缘政治的紧张局势，随着新冠疫情的暴发，被无限放大。对于可持续发展目标中所包含的至关重要却又难以解决的社会挑战，情况就更是如此了。这场疫情使"行动十年"的开展变得更加困难，但更重要的是，对（各组织和机构的）敏捷性和韧性的需求也随之增加。一个巨大的挑战在于如何模糊"盈利"和"行善"之间的界限，因为后者似乎不再只是一件"挺好"的事情，而是必不可少的事情。

　　在可持续发展"行动十年"中，每个人都需要尽自己的一份力量，运用不同的工具和方法。这包括以各种各样的方式参与企业创新的所有人。企业与初创公司的合作代表了一种创新方法，即通过克服组织间不对称带来的障碍，将具有互补能力的非传统盟友聚在一起，实现双赢。如果将这一原则应用于更大范围的参与者，包括越来越重视开放式创新的非政府组织（如 Reach for Change）、企业基金会（如拜耳基金会）、政府参与者和多边组织（如联合国），那么它与可持续发展目标就是密切相关的，特别是可持续发展目标17——为实现目标而合作（见表 E-1）。

表 E-1　行动十年：回顾与展望

	2008～2020 年出现的力量	2020 年新冠疫情引起的麻烦	2020～2030 年（"行动十年"）的企业与初创公司合作
数字化	随着云计算和移动互联网的发展，数字初创公司崛起	由于远程工作、远程医疗和其他应用，数字化进程加速	与初创公司合作仍将是利用数字技术实现可持续发展目标的重要方式
地缘政治	新兴经济体的崛起，以及某些地缘政治的紧张局势	地缘政治局势紧张，全球价值链脱钩加剧	尽管局势紧张，但仍有从不同地区获得灵感和资源的空间
可持续性	对不平等的担忧日益加剧，引发人们对可持续性方面的危机关注	社会性困难加剧，包括不平等和数字鸿沟	通过与初创公司合作产生的社会影响（伤害更少，益处更多）将是非常必要的

伴随着新冠疫情期间的数字化热潮，出现了一些坊间证据，证明了企业与初创公司合作的价值。在一些情况下，初创公司十分擅长解决疫情所引发的痛点。例如，通过宝马初创车库前联合创始人发起的合作倡议 Startups Against Corona，瑞士跨国水泥企业拉法基豪瑞集团（LafargeHolcim）与印度初创公司 Leena.AI 合作，以期解决拉丁美洲因新冠疫情而出现的劳动力资源管理问题。此外，总部位于伦敦的移动充电初创公司 ChargedUp 在疫情期间转而生产名为 CleanedUp 的手部消毒设备，并与洋酒公司帝亚吉欧（Diageo）达成合作，将其运用于酒吧。还有一些例子，微软和思科等公司自豪地展示了它们加速器计划中的"校友"初创公司，这些公司都为抗击疫情做出了贡献。比如，参与了 Cisco LaunchPad 加速器计划的初创公司 Cloudphysician，它向那些不富裕地区中缺乏医疗设施的医院，提供基于远程医疗的 ICU 解决方案。

新冠疫情使与数字化相关的学习曲线陡然增高，由此而形成的机会应该被加以充分利用。杰弗里·萨克斯曾指出六个实现可持续发展目标的关键转型，其中第六个就与数字化转型有关。然而，（同样如萨克斯所指出的一样）疫情造成的数字鸿沟也需要得到解决。此外，对环境、社会和治理（environmental, social and governance, ESG）方面的考虑变得更加重要，而在这些方面，初创公司，特别是那些以产生社会影响为目标的公司，可以成为企业重要的盟友。当新出现的创新解决方案能够代表参与其中的组织及其所服务对象的胜利之时，在 ESG 和社会影响方面的努力就有可能在 2020～2030 年取得成效。

此外，在这十年间，用更少的钱做更多的事将成为重要的目标。

节俭式创新方面的权威专家纳维·拉乔乌（Navi Radjou）介绍了金融解决方案实验室（Financial Solutions Lab，FSL）所做的努力，这是由非营利性机构金融健康网络（Financial Health Network）与摩根大通（JPMorgan Chase）合作发起的，旨在帮助改善受全球金融危机影响的美国人的财务健康状况。FSL 的行动之一是建立了一个金融科技加速器计划，其 2020 届班级成员所应对的是新冠疫情给金融健康带来的挑战，而 2021 届的任务则是帮助提高长期金融稳定性。在充满挑战的时代，这锻炼了各组织和机构的敏捷性和韧性。

这些例子揭示了，组织应将眼光放长远，超越狭隘的利润视角，追求可持续发展目标，尤其是在新冠疫情所带来的经济困难面前，这是十分重要且合理的。在"行动十年"中，企业不仅应该追求少作恶，更应该多多行善，特别是利用数字技术。从广义上讲，企业与初创公司的合作就是一股向善的力量。

有许许多多的组织，它们在可持续发展行动十年中，在促进企业创新方面发挥了重要作用。若有一日，构成本书核心思想的三种重要思维方式能在这些组织中盛行，届时产生向善力量的可能性将会更大。这三种思维方式便是：创业性思维、协作性思维和全球性思维。

创业性思维、协作性思维和全球性思维

本书所强调的一些核心基本原则，将比单纯的企业与初创公司合作的性质或利益等内容要延续得更久。这些原则便是本书强调的三种思维方式，它们不仅对集体很重要，对个人也是至关重要的。

正如英特尔的卡皮尔·凯恩所观察到的那样："变革正在以惊人的速度发生。而创新的唯一途径就是不断地试验。要做到这一点，你需要在各个层级都拥有一支富有创业精神的员工队伍。你需要授予员工新的技能，培养他们的思维方式，并赋予他们像创业者一样思考和行动的能力。"本书希望引起人们注意的三种长期适用的思维方式（见图 E-1）就是创业性思维、协作性思维和全球性思维。

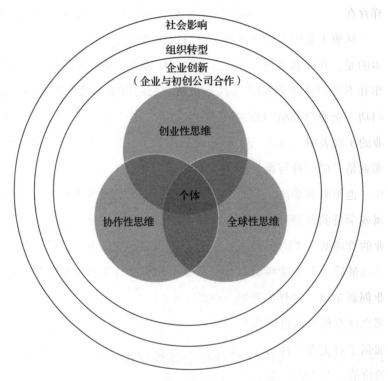

图 E-1　三种长期适用的思维方式

这些思维方式构成了多个领域的职业效能（professional efficacy）基础，这些领域包括：企业创新、组织转型和社会影响。在企业创新方面，当这些思维方式在个人身上协同工作时，其效果尤其显著。因而，选择合适的人来推动与初创公司的合作非常重要。我观察到的一些在与初创公司合作工作中最有效率的管理者，都充分展示了这三种思维方式。我遇到的许多杰出的、能高效与"猩猩"共舞的创业者们亦是如此。在非营利组织、企业基金会、政府部门和其他可能参与企业创新的组织中那些有进取心的个人身上，这三种思维方式同样存在。

从更大范围来看，这些思维方式也与促进组织转型有关。很幸运的是，在我认真研究的一些企业（如微软）中，与初创公司的合作并不是一种业余爱好，而是它们实现组织转型的根本力量，这要归功于企业总部精明的领导者和子公司尽职尽责的管理者。这些企业的实践表明，在这三种思维方式的交汇点上，存在着一种可能性，那就是，以一种与企业整体战略紧密关联的方式与初创公司展开合作。也正因为如此，商业领袖、教授、导师和顾问等专业人士对下属或学员的谆谆教导，将这几种思维方式灌输下去，就是他们为企业的管理型人才所做的宝贵贡献。

最后，由于这些能力是相互交织的，各企业和组织若能确保企业创新是以一种怀抱善意、富有同情心且全面包容的方式进行的，那么就有机会通过创造共享价值来产生积极的社会影响。随着世界加强了对实现可持续发展目标的关注，企业创新所产生的社会影响的价值，在2020～2030年似乎格外有意义。

创业性思维：让想法变为现实

关于企业与初创公司为何要合作的讨论（见第1章和第2章）

表明，合作的一个重要起点是创业性思维，它包括三个关键方面：主动性、创新性和风险承担性。主动性体现在能够认识到与初创公司合作的双赢潜力。创新性体现在，内部创业者把与初创公司的合作创造性地结合到现有的工作中，且在这一过程中，他们开放性的、多角度的思维有助于节省时间和资源。最后，开启与初创公司的合作不可避免地会涉及风险因素。降低风险的方法包括：从小规模做起并低调行事；努力创造快速的胜利，特别是在早期阶段；尽力争取正式和非正式合作伙伴的支持。这里要传递的一个关键信息是，与外部初创公司合作的原动力并不总是来自高层。事实上，在我研究过的许多案例中，驱动合作的经常是某一位管理者，他们往往没有花哨的职位头衔，也不会在他们的工作描述中提到创业性的内容，但他们却是自己所在的企业与初创公司实现合作的催化剂。他们真正拥有了一种创业性思维，他们的积极主动、推陈出新和（斟酌之后的）敢于冒险的品质，让事情发生了改变。

协作性思维：与他人携手

关于企业与初创公司该如何合作的讨论（见第3章和第4章），引入了另一个观点，即企业需要的另一个重要思维方式是协作性思维。我的研究揭示了这种思维方式的三个重要层面：以积极主动、独具慧眼和深思熟虑的方式，撬动关系网络。在有关如何合作的讨论之中，积极主动地撬动关系网络所需要的努力，不仅包含要认识到为何合作，而且还体现在本书描述的"三阶段"合作流程之中，这个流程包括阐明协同作用、搭建交流平台和培养典型范例。独具慧眼地撬动关系网络，指的是能够了解哪些初创公司更适合合作，是通过决定与谁合作、如何合作以及在多大程度上合作来体现的。最后，关于深思熟虑地撬动关系网络，主要阐述的是向初创公司学习的重要性，它对于识别和培养某些成功案例（典型范例）来说非常重要，还能在如何完善合作流程方面获得初创公司的反馈。

全球性思维：与世界合作

最后，关于企业与初创公司应该在何处合作的讨论（见第 5 章和第 6 章），强调了全球性思维的重要性。全球性思维，要求具备好奇心、能力和人脉三个因素。好奇心，是企业在世界各地探索新技术和新想法的基础。能力，特别是合作能力，是企业与初创公司进行全球化合作的重要基础，但在不同地区的创业生态系统中，也需要企业有跨文化能力，以应对内部管理者和外部初创公司提出的挑战。这种能力的一个重要表现，就是能够学会适应其他环境条件。人脉则可以帮助企业与初创公司丰富双方的合作经验。例如，可以加强初创公司合作伙伴自身的全球扩张能力，增强企业的全球初创公司合作能力，继而通过企业与初创公司的合作关系促进价值共创。

通过协作更好地利用创业精神和全球化

作为本书要阐述的最后一个想法，不得不承认，在这个似乎正在去全球化的世界里，我对全球性思维的强调看起来可能有违直觉，甚至是有误的。在我所强调的三种思维方式之中，一些人可能会辩称，创业性思维非常重要，而全球性思维则不那么重要。因为全球化进程已然被搁置，而创业精神正在升温。2008 年金融危机后，人们对全球化产生了强烈反感，以至于 2016 年出现了令人震惊的政治表现（如英国全民公投决定脱欧和特朗普当选），可以说，在 2020 年世界遭受新冠疫情重创之后，这种反感达到了顶峰。

　　然而，尽管我经常听到"全球化可以功成身退了"这样的话，但从某种意义上来说，我认为在这个时代，这三种思维方式更加缺一不可，包括全球性思维。全球化进程中无疑产生了很多输家，而不仅仅是赢家，它需要企业更多地关注世界各国内部及各国之间在创造财富和知识成果方面的不平等。不过，若是错过了全球化可以提供的好处，例如创造就业机会，那将是一种巨大的浪费。当然，想要得到这些好处，各组织必须能够对跨国企业所处的当地环境表现出包容和负责的精神。正如微软 CEO 萨提亚·纳德拉所说："微软一半以上的收入来自美国以外的地区。我们无法在 190 个国家都有效地开展业务，除非我们把在每个国家创造当地更大的经济机会作为我们的优先事项……从而去支持北美、南美、亚洲、非洲和欧洲的本土创业和公共部门服务。在每一个地区，我们都必须以负责任的态度运营。"

　　在不掩饰全球化的负面影响的情况下，不得不承认的是，在历史进程中，全球化与创业精神一直是交织在一起的。以立顿茶叶（Lipton tea）为例。我清楚地记得，我小时候会去我祖母位于斯里兰卡的家，在距那里大约半个小时车程的地方，会经过一大片茶园当中的"立顿的座位"[⊖]。我母亲那一边的家人是在斯里兰卡岛上风景优美的茶园里长大的，而托马斯·立顿（Thomas Lipton）（以自己

　　⊖　当年托马斯·立顿在斯里兰卡所拥有的茶园的起点，在茶园山顶上有一座立顿先生坐在长椅上喝茶的雕像。——译者注

的名字命名了茶叶品牌）是那个地方的一个重要人物。后来，当我搬到苏格兰格拉斯哥，也就是托马斯·立顿的出生地时，我更加意识到在立顿的故事中，全球化和创业精神是如何交织在一起的。19世纪，立顿出身于格拉斯哥一家普普通通的杂货店，他利用年轻时在美国观察到的做法，在英国成功建立起自己的零售生意，后来在前往澳大利亚的途中，他发现了锡兰茶叶。再后来，他将之前一直是英国精英阶层饮用的小众饮料，成功变成了一种大众饮品。

　　快进到今天。立顿作为联合利华旗下的一个品牌，积极与初创公司接触，以减轻其对环境的负面影响。例如，它与初创公司Literatti 合作，在荷兰开展了一项"清理挑战"活动，该公司的数字应用程序和在线社区可以帮助人们识别和处理垃圾。立顿的母公司联合利华则成立了 Transform，这是一项与英国政府合作为发展中国家社会企业提供支持的计划，该计划随后还与安永（EY）和万事达等其他伙伴达成了合作。虽然利益相关者有权要求跨国企业在可持续性和环境方面做到高标准，而且许多企业无疑做得还远远不够，但人们也应该认识到，这些企业拥有可被社会企业和非营利组织等参与者有效利用的资源和网络。如果因噎废食、讳疾忌医，将可能产生社会影响的机会随着对全球化的厌恶而抛弃，那将是巨大的浪费。

　　全球化的钟摆可能会摆向更稳定的地方经济活动。但是，与其寻求完全摆脱全球化，不如用一种比以往更公平、更有同理心的方式，谨慎地利用它，及其创造的商业机会所带来的企业利益，无论今后全球化以何种形式存在。就像本书中提到的微软和其他几家企业的案例那样，企业与初创公司的合作已经从边缘转移到核心，企业对社会影响的重视也应该如此。如果这一点能够实现，而企业却因为全球化进程放缓、地缘政治紧张局势加剧，没有好好地利用世界其他地区的机会和想法，那将是一件憾事。

全球性思维与创业性思维一样重要，因为它帮助我们跨越了眼前所处的环境，找到潜在的方法让自己超越自己的直接影响范围，并不断扩大影响。它引导我们从其他地方寻找灵感和解决方案（或部分解决方案）。我们同在这样做的过程中，可能有更多机会找到合适的盟友，因为跨国企业、全球性非政府组织和基金会以及多边组织（如联合国）等关键参与者，它们本身就是国际性机构。全球性思维让我们不会忘记新冠疫情给我们带来的教训：我们无法抹去我们同在这个地球上的相互联系。无论存在怎样的地缘政治差异，如果不去利用其他地方的技能和资源，那就实在是太可惜了。

数字健康初创公司 mPharma 就具备了创业性、协作性和全球性这三种思维方式，并积极从世界各地寻找灵感和资源。它的创始人在美国提出了这个商业想法，获得了以色列初创生态系统的支持，并在加纳成立了公司。在疫情暴发期间，一名与硅谷和世界各地行业网络都有联系的董事会成员，帮助 mPharma 与中国的一家供应商建立了联系，该供应商可以提供平价设备来支持其诊断工作，事实证明，在满足新冠检测的巨大需求方面，它出现得非常及时。像这样的公司，会持续在非洲和其他地区为可持续发展目标 3（健康和福祉）做出贡献。

第 5 章（与世界各地的初创公司合作）所讨论的内容，可以说是有关如何更好地利用创业精神和全球化，而第 6 章则是有关如何通过对跨国企业和其他国际组织的利用，使全球化变得更"好"，尽管它也有负面影响。两者的关键都在于，要有一种协作性思维。只有非传统盟友之间的合作关系，才能让双方在创造社会价值的同时寻求宝贵的商业机会：这是通过一系列间接的方式实现的，例如创造就业，以及通过促成更具包容性的金融服务、更容易获得的医疗保健和更普及的教育等方面的合作来创造社会价值。

我所遇到的商界专业人士都希望可以通过追求超越狭隘利润的目标过上有意义的生活，而这场疫情似乎加深了他们这种强烈的渴望。本书强调的三种长期适用的思维方式，可以充实我们的个人使命。我们有需求，也有能力现在就采取行动。我们需要真正的、全球性的努力。

…

当回想起写这本书的心路历程时，我感到很幸运，在非常早期的阶段就能发现这个值得探究的现象，那就是企业与初创公司这两种截然不同但互补的组织，逐渐走到了一起。我很欣慰，作为一名学术研究人员，我坚持了 15 年。

我所观察到的在早期与"猩猩"共舞的组织，它们的努力已经有所回报，因为"大猩猩"已经越来越擅长与初创公司"共舞"，越来越多的大型组织将创新的希望寄托在初创公司身上。我很惊喜地了解到，就连世界著名的西班牙足球联赛，也一直在与初创公司接触，并将此作为其数字化转型的一部分！在微软的参与下，全球体育创新中心（Global Sports Innovation Center）组织了一场创业大赛，产生了各种试点项目。例如，LaLigaSportsTV 整合了一家名为

Sceenic 的初创公司所开发的社交观看技术，在一段试用期内允许观众与朋友在线观看和评论比赛。

我有幸观察了企业与初创公司合作领域当中最有技巧的一些公司，并看到了它们是如何发展到这一高度的（因为几乎没有人从一开始就擅长突破舒适区）。本书包含了从这个过程中得出的经验教训，这将为寻求与初创公司合作的新手"大猩猩"节省时间和精力。

不可避免的是，企业与初创公司合作现象的一些细节将随着时间而演变。它们所跳的舞蹈的性质可能会改变。谁知道呢？也许有一天这种合作会变得司空见惯，以至于大部分人不需要提醒就知道它的潜力，甚至不再需要给人们讲解这一合作过程的细枝末节。换句话说，随着开放式创新变得越来越制度化（正如 IBM 最近的 CEO 报告中所表明的那样），也许，像这样的书的市场在未来几年内很可能会消失！的确，那样的话，就证明了现在的努力是正确的，这些努力有助于人们更好地理解不对称的合作伙伴要如何进行协作。

我真诚地希望，后疫情时代，当世界以敏捷性和韧性在"行动十年"中追求可持续发展目标之时，这种合作能够无一例外地产生积极的社会影响。

致 谢

在我 15 年多的学术研究过程中，有太多的人要感谢，在他们的支持和帮助下，本书才得以面世。因此，这只能是一份不完整的致谢清单。

我要感谢斯蒂芬·杨（Stephen Young）和尼尔·胡德（Neil Hood），他们是国际商业领域的先锋学者，他们位于苏格兰的研究中心是我作为博士生启航的地方，也是我第一次观察到初创公司与大型跨国企业合作前景的地方。

作为我曾经的合著者和导师，朱利安·伯金肖和叶恩华这两位著名的全球战略教授帮助我进一步拓展了想法，并在我写下本书的手稿并向出版社推介时，提供了宝贵的建议。我非常感激他们能施予援手。

许多企业管理者和初创公司创业者，以及非政府组织、联合国机构、政府机构和其他第三方机构的专业人士，都慷慨地与我分享了他们的故事和经验，许多都在本书中有所引用或提及。如果没有他们，这本书根本不可能完成。我还要特别感谢戴夫·德拉奇，10 多年来，他对我的研究发现做出了巨大贡献，并帮助我联系大卫·科恩撰写精彩的推荐序。戴夫和大卫，感谢你们。

　　我在格拉斯哥大学、诺丁汉大学（中国校区）和中欧国际工商学院的院长和其他同事，也为我提供了坚定的支持，对此我十分感激。

　　多年来，在我的学术工作中，不单是几位合著者帮助我丰富了我的想法，我的各位博士生也帮助了我。多位勤奋的研究助理一路上都支持着我的工作，比如李娇（Rhea Li）（为本书的手稿定稿提供了很大帮助）、李孟（Li Meng）、汪王颖（Wing Wang）和郁盛静（Stella Yu）。

　　感谢 Wiley 出版社的比尔·法隆（Bill Falloon），感谢他对这个项目的信任。还有普尔维·帕特尔（Purvi Patel）、萨曼莎·恩德斯（Samantha Enders）及团队的其他成员，我衷心感谢他们为这本书所做的努力。

　　我始终感谢我的妻子迪帕利（Deepali），感谢她不遗余力的支持，也要感谢我的父亲、兄弟、岳父岳母以及众多的家人和朋友们对我写作工作的不断鼓励。

　　最后，我要特别向我的两个孩子迪娅（Diya）和阿迪亚（Aditya）致意，在我过去 15 年多的研究生涯里，他们也在悄然长大，他们不断提醒我，本书意在支持的以伟大目标为导向的企业创新，不仅对现在，而且对他们这一代和未来的世世代代都非常重要。

关于此项研究

在研究中，我对企业管理者、初创公司创业者、创业性机构（如加速器和其他第三方专业机构）、政策制定者和行业专家（如学者和顾问）进行了 400 多次访谈。最初，我的访谈涉及的许多企业都是信息技术（IT）行业的跨国企业，特别是微软，同时也有其他企业，如 IBM、高通和德州仪器（Texas Instruments）。随后，包括拜耳、宝马、福特、日产、联合利华和沃尔玛在内的几家非 IT 公司也出现在我的访谈中。

我的研究访谈是通过多次实地考察（见下表）和若干电话会议进行的，访问地遍布亚洲、欧洲和北美，最新的还包括非洲。在有可能的情况下，我还会观察各相关机构的活动和会议（例如，企业加速器的成果展示日）。

时间	地点	所研究的公司 （仅举例，不代表全部）
2003 年 6 月	美国华盛顿州西雅图	微软
2004 年 2 月	印度班加罗尔	微软
2006 年 2 月	英国爱丁堡	**IBM** 太阳微系统公司

（续）

时间	地点	所研究的公司 （仅举例，不代表全部）
2006 年 7 月	印度班加罗尔	微软 IBM
2007 年 3 月	巴基斯坦拉合尔	微软
2007 年 4 月	英国伦敦	微软
2008 年 8 月	美国加利福尼亚州硅谷	微软 The Indus Entrepreneurs
2009 年 5 月	印度班加罗尔	微软 高通
2010 年 4 月	瑞士日内瓦	联合国
2010 年 10 月	美国加利福尼亚州硅谷	微软 硅谷银行
2011 年 3 月	印度班加罗尔	高通 德州仪器
2011 年 7 月	美国加利福尼亚州洛杉矶	微软
2011 年 10 月	中国上海	微软
2012 年 4 月	英国格拉斯哥	IBM
2012 年 7 月	印度班加罗尔	博世 微软
2013 年 2 月	中国北京	微软
2013 年 4 月	印度班加罗尔	微软
2013 年 10 月	中国宁波	IBM
2014 年 2 月	美国加利福尼亚州洛杉矶	美国环境系统研究所公司 （Environmental Systems Research Institute，ESRI）
2014 年 7 月	加拿大温哥华	微软
2015 年 6 月	印度班加罗尔	英特尔
2015 年 9 月	中国北京	微软 IBM

（续）

时间	地点	所研究的公司 （仅举例，不代表全部）
2015 年 12 月	英国伦敦	微软
2016 年 2 月	印度班加罗尔	微软 IBM、SAP
2016 年 2 月	中国香港	IBM
2016 年 2 月	南非约翰内斯堡	微软 IBM
2016 年 6 月	英国伦敦	微软
2016 年 7 月	中国上海	联合利华 英特尔
2017 年 1 月	中国上海	微软 福特
2017 年 3 月	德国柏林 德国慕尼黑	拜耳 宝马
2017 年 4 月	加纳阿克拉	谷歌 Social Impact Hub
2017 年 10 月	中国上海	拜耳 联合利华
2017 年 6 月	英国伦敦	联合利华
2017 年 12 月	以色列特拉维夫	微软 "地面"金融科技加速器
2018 年 1 月	印度班加罗尔	瑞士再保险 博世
2018 年 2 月	中国上海	百威英博
2018 年 3 月	尼日利亚拉各斯	微软
2018 年 3 月	英国伦敦	巴克莱 西班牙电信
2018 年 8 月	美国加利福尼亚州硅谷	SAP 富士通
2018 年 11 月	中国香港	日产（英菲尼迪）

（续）

时间	地点	所研究的公司 （仅举例，不代表全部）
2019 年 3 月	中国上海	沃尔玛
2019 年 8 月	瑞士苏黎世	F10 Incubator（由瑞士证券交易所发起）
2019 年 11 月	中国北京	英特尔
2019 年 10 月	印度班加罗尔	思科
2019 年 10 月	肯尼亚内罗毕	微软
2019 年 12 月	以色列特拉维夫	英特尔
2020 年 3 月[①]	印度班加罗尔 印度海得拉巴	NSRCEL Incubator T-Hub 加速器

① 随后，由于新冠疫情的影响，旅行受到了限制。尽管如此，我仍然对相关研究信息的提供者进行了多次远程访谈，特别是在撰写本书期间为获得最新情况而进行了访谈。

多年来，我从研究分析中得出的想法被刊登在《加利福尼亚管理评论》经济学人智库（Economist Intelligence Unit）、HBR.org（哈佛商业评论网站）、《麻省理工斯隆管理评论》（*MIT Sloan Management Review*）和《战略与经营》（*strategy+business*）等媒体上。虽然多年来我在实地研究工作中发表了不少简短的文章和教学案例，但这本书代表着我对研究成果最全面的阐述。此项研究中的数据收集和分析方法，主要采用个案研究法。通过对这些案例研究的纵向整理和分析，去了解企业与初创公司的合作是如何开展的。对个别案例进行相互比较，可得出模式和差异，例如不同的合作交流平台之间的差异等，由此产生了关键的见解。虽然我拒绝为我研究的企业进行任何有偿咨询，以避免利益冲突，但我经常与研究信息的提供者和其他专家分享我的关键发现，以获得他们的反馈，并验证我的观念和新想法。